Eine Einführung in die Typographie
An Initiation in Typography
Une Initiation à la Typographie

Anne Denastas | Camille Gallet

Eine Einführung in die Typographie
An Initiation in Typography
Une Initiation à la Typographie

text und gestaltung	texts and graphic design	textes et design graphique	Anne Denastas	Camille Gallet
deutsche übersetzung	german translation	traduction allemande	Maria Hoffmann-Dartevelle Peter Hoffmann
englische übersetzung	english translation	traduction anglaise	Bruce Mayo
Lektorat	copy editing	suivi éditorial	Miriam Seifert-Waibel
Litho und Druck	Lithography and printing	Lithographie et impression	Heer Druck AG, Sulgen
Bindung	Binding	Reliure	Buchbinderei Burckhardt AG, Mönchaltorf-Zürich
Papier	Paper	Papier	Munken Polar 90g (Artic Paper)
verwendete schrift gezeichnet von	working face designed by	caractère utilisé dessiné par	Newut classic André Baldinger

© 2006 by verlag Niggli AG, Sulgen | Zürich
ISBN 10: 3-7212-0597-9
ISBN 13: 978-3-7212-0597-8

Die Idee zu diesem Buch geht zurück auf ein Projekt, das Anne Denastas und Camille Gallet im Januar 2005 an der ENSAD (Paris) realisiert haben.

The idea for this book grew out of a project of Anne Denastas and Camille Gallet, in January 2005 at the ENSAD (Paris).

L'idée de ce livre est née d'un projet réalisé par Anne Denastas et Camille Gallet, en janvier 2005 à l'ENSAD (Paris).

Gewidmet all denen, die sich fragen,
was wir den ganzen Tag treiben…

For all those who ask what we make of our days…

À tous ceux qui se demandent
ce que nous faisons de nos journées…

vorwort

Haben sie bemerkt, …

foreword　　　　　　　　　　　　　　avant-propos

Have you noticed…　　　　　　　　　Avez-vous remarqué…　　　　　　　　　　　　　　　　9

… dass zwischen kunst und typographie gewisse
verbindungen bestehen?

… certain similarities between art and typography?

… certaines correspondances entre l'art et la typographie ?

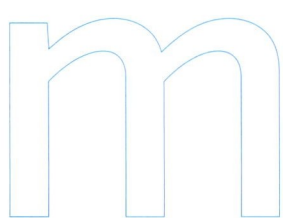

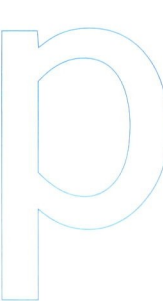

… wie weiße und schwarze Flächen in der Figur eines Buchstaben harmonieren?

… the harmony of emptiness and fullness in the shape of a letter?

… l'harmonie des vides et des pleins dans le dessin d'une lettre ?

c m

p 4

… was für unterschiedliche Formen ein Buchstabe
besitzen kann?

B

o

a

C m

 4

… the diversity of forms a letter can have? … la diversité de formes d'une lettre? **15**

B ◊

haben sie bemerkt, …

»Haben Sie bemerkt, wie malerisch das Y ist, ein
Buchstabe mit zahllosen Bedeutungen? – Ein Baum
ist ein Y; eine Wegegabelung ist ein Y; zwei zusam-
menfließende Bäche sind ein Y; der Kopf eines Esels
oder eines Rinds ist ein Y; ein Glas auf seinem Stiel
ist ein Y; eine Lilie auf ihrem Stengel ist ein Y; ein
Flehender, der seine Arme zum Himmel hebt, ist ein Y.
…
Alle Buchstaben sind zunächst Zeichen und alle
Zeichen zunächst Bilder. Die menschliche Gesellschaft,
die Welt, der ganze Mensch steckt im Alphabet. Das
Maurerhandwerk, die Astronomie, die Philosophie,
alle Wissenschaften haben dort ihren unmerklichen,
aber realen Ausgangspunkt; und so muss es sein.
Das Alphabet ist eine Quelle.
…
So also zuerst das Haus des Menschen und seine
Architektur, dann der menschliche Körper, seine
Gestalt und seine Missbildungen; dann das Gesetz,
die Musik, die Kirche; der Krieg, die Ernte, die Geome-
trie; das Gebirge, das Wanderleben, das Klosterleben;
die Astronomie; Arbeit und Erholung; das Pferd
und die Schlange; der Hammer und die Urne, die man
umdreht und zusammenfügt und aus denen man
die Glocke macht; die Bäume, die Flüsse, die Wege;
und schließlich das Schicksal und Gott, all das enthält
das Alphabet.«

victor Hugo, Alpes et Pyrénées

Have you noticed…   Avez-vous remarqué…

"Have you noticed how a picturesque a Y is, a letter with infinite significations? – A tree is a Y; a fork in the road is a Y; the confluence of two rivers is a Y; the head of a donkey or of a cow is a Y; an upright goblet is a Y; a lily on its stem is a Y; a supplicant raising his arms to the sky is a Y.
…
Every letter has at one time been a sign, and every sign has been a picture. Human society, the world, all of humanity is in the alphabet. Masonry, astronomy, philosophy, all of the sciences owe it their origin, imperceptibly but tangibly; and so it must be. The alphabet is a spring.
…
First human shelter and architecture, then the human body with its structure and its deformities; then justice, music, church; war, harvest, geometry; mountains, nomadic life, cloistered life; astronomy; work and rest; horse and snake; hammer and ballot box that we reverse and join to make the bell; the trees, the rivers, the roads; finally fate and God – that's what's in the alphabet."
Victor Hugo, Alpes et Pyrénées

« Avez-vous remarqué combien l'Y est une lettre pittoresque qui a des significations sans nombre ? – L'arbre est un Y; l'embranchement de deux routes est un Y; le confluent de deux rivières est un Y; une tête d'âne ou de bœuf est un Y; un verre sur son pied est un Y; un lys sur sa tige est un Y; un suppliant qui lève les bras au ciel est un Y.
…
Toutes les lettres ont d'abord été des signes et tous les signes ont d'abord été des images. La société humaine, le monde, l'homme tout entier est dans l'alphabet. La maçonnerie, l'astronomie, la philosophie, toutes les sciences ont là leur point de départ, imperceptible, mais réel; et cela doit être. L'alphabet est une source.
…
Ainsi, d'abord la maison de l'homme et son architecture, puis le corps de l'homme, et sa structure et ses difformités; puis la justice, la musique, l'église; la guerre, la moisson, la géométrie; la montagne, la vie nomade, la vie cloîtrée; l'astronomie; le travail et le repos; le cheval et le serpent; le marteau et l'urne, qu'on renverse et qu'on accouple et dont on fait la cloche; les arbres, les fleuves, les chemins; enfin le destin et Dieu, voilà ce que contient l'alphabet. »
Victor Hugo, Alpes et Pyrénées

warum dieses buch?

°warum verbringt man stunden damit, eine schrifttype auszusuchen, sich über die anordnung eines textes gedanken zu machen, die größe des kleinsten leerraumes zu prüfen, eine silbe von einer zeile in die nächste zu verschieben? ist das bloße pedanterie, steriler perfektionismus, zeitvergeudung?

um die fragen aus unserem umfeld zu beantworten, erschien es uns notwendig, einmal vorzuführen, was typographie eigentlich ist. wir wollten möglichst vielen leuten auf einfache weise begreiflich machen, dass die schönheit einer schrifttype, eines plakats oder eines buches nicht lediglich auf die beherrschung eines computerprogramms zurückzuführen ist, sondern vor allem darauf, dass hier jemand seine mühe, sein know-how, seine kreativität und seinen kulturelles erbe eingebracht hat.

mit diesem buch wollen wir einen einblick in unseren beruf geben und den lesern kriterien für eine bessere beurteilung der qualität graphischer arbeiten vermitteln. für die graphik kann die begegnung mit einem kompetenteren und anspruchsvolleren publikum nur förderlich sein. typograph zu sein, bedeutet, die welt mit anderen augen zu betrachten, dem winzigen und unbedeutenden bedeutung zu verleihen und perfektion zu einem grundsatz zu machen. es bedeutet, mühselige fleißarbeit zu verrichten, um formen zu entwickeln, die ihre aufgabe so gut erfüllen, dass man sie schließlich vergisst. es bedeutet, informationen möglichst klar und angemessen zu vereinfachen und zu ordnen, gegensätze zu vereinen, strenge und einfallsreichtum so zu verbinden, dass magie entsteht und aus typographie kunst wird.

why this book? / pourquoi ce livre?

why spend hours choosing a type face, working out the arrangement of a text, setting the size of a tiny spacing, balancing a word-break between one line and the next? is it simply fanaticism, sterile perfectionism – a waste of time?

pourquoi passer des heures à choisir un caractère, à décider de l'emplacement d'un texte, à vérifier la valeur du plus petit espace, à faire basculer une syllabe d'une ligne à l'autre? est-ce de la simple maniaquerie, un perfectionnisme stérile, une perte de temps?

to answer questions we frequently hear from persons puzzled by what we do, it became clear that we needed to try to explain what typography is about. to explain simply to a broad audience that the beauty of a good poster, a book or a printed form is not simply a matter of someone's having mastered a piece of software, but of their having infused their work with creativity and educated sensibilities.

pour répondre aux questions de notre entourage, perplexe face au métier que nous exerçons, il nous a paru nécessaire d'expliquer ce qu'est la typographie. d'expliquer au plus grand nombre, simplement, que la beauté d'un caractère typographique, d'une affiche, d'un livre ou la fonctionnalité d'une signalétique ne tiennent pas seulement à la maîtrise de logiciels informatiques mais surtout au travail de quelqu'un qui y a insufflé son savoir-faire, sa créativité et sa culture.

with this book we wanted to make our profession better understood. showing a broad audience how to judge typography, we felt, would raise the standards accepted and demanded by the public, and would improve the quality of graphic arts productions. to be a typographer is to see the world differently, giving attention to its smallest details, making perfection essential. it is the work of cutting and polishing to obtain forms that fulfill their function so well that they finally make themselves forgotten; the work of simplifying and arranging information in the clearest and most coherent possible way; the works of assembling contraries, balancing blacks and whites, fusing rigor and inventiveness into magic, of making typography into art.

nous avons voulu à travers ce livre faire connaître notre métier et offrir des clés pour mieux juger de la qualité d'un travail graphique. la production graphique, face à un public mieux averti et plus exigeant, s'en trouvera sans doute améliorée. être typographe, c'est regarder le monde autrement, c'est attacher au minuscule, à l'insignifiant, de l'importance et faire de la perfection, une condition. c'est faire un travail de fourmi pour concevoir des formes qui remplissent si bien leur fonction, qu'elles finissent par se faire oublier; c'est simplifier et ordonner l'information de la manière la plus cohérente et la plus claire possible. c'est assembler les contraires, équilibrer les noirs et les blancs, combiner rigueur et inventivité pour créer la magie, et faire de la typographie un art.

erstes kapitel

1, 1, 2, 3,
5, 8, 13, **21,**
34, 55, 89,
144, 233,
377,

zu den proportionen
zu den universellen maßen
ein harmonisches universum
Harmonie konstruieren
Normen und kanonische Regeln
zu den seitenmaßen
Die seitenformate
Der seitenaufbau
Das typographische Maß

chapter one   premier chapitre

610, 987, 1597, 2584, 4181, 6765, 10946…

21

on proportions
on the scale of the universe
A harmonious universe
Constructing harmony
Norms and canonical rules
on the scale of the page
The formats of a page
The composition of a page
Typographic measures

Des proportions
À l'échelle de l'univers
Un univers harmonieux
Construire l'harmonie
Normes et règles canoniques
À l'échelle de la page
Les formats de page
La composition d'une page
La mesure typographique

Diese Zahlenfolge, die Fibonacci-Folge, benannt nach einem Mathematiker aus dem 13. Jahrhundert, beschreibt mathematisch das Wachstum einer Kaninchenpopulation. Sie basiert auf der goldenen Zahl.

This series of numbers, called the Fibonacci series after a 13th century mathematician, describes theoretically the growth of a population of rabbits. It incorporates the golden ratio.

Cette suite de nombres, appelée suite de Fibonacci du nom d'un mathématicien du 13ᵉ siècle, théorise la reproduction d'un couple de lapins. Elle est issue du nombre d'or.

zu den universellen Maßen – ein harmonisches Universum

Harmonie
Harmonie ist das Verhältnis, das die verschiedenen Teile eines Ganzen miteinander in Einklang bringt [...] so, dass diese Verbindung ein für Geist und Sinne stimmiges, wohltuendes und befriedigendes Ganzes ergibt. [...] Jemand, der künstlerisch arbeitet, stellt die Teile so zu einem Ganzen zusammen, dass ihre wechselseitigen Entsprechungen diesem Ganzen seine Einheit verleihen. Daher sind die Proportionen des Gesamtgebildes wesentlich für das Gelingen des Werkes.
Étienne Souriau,
Vocabulaire d'esthétique

Harmony
Harmony is a relationship obtaining between different parts of a complex ensemble [...] such that their combination forms a coherent and felicitous whole, satisfying to the spirit and to the senses. [...] In the realm of art, a creator organizes the parts of a whole so that their reciprocal affinities bring about its unity. The proportions of the ensemble are thus fundamental to the work's success.
Étienne Souriau,
Vocabulaire d'esthétique

Harmonie
L'harmonie est le rapport accordant les différentes parties d'un ensemble complexe [...] de telle sorte que cette réunion forme un tout cohérent, heureux, satisfaisant pour l'esprit et les sens. [...] Dans le domaine de l'art, un homme qui crée organise les parties d'un tout afin que leur convenance réciproque amène ce tout à son unité. Les proportions de l'ensemble sont ainsi fondamentales pour la réussite de l'œuvre.
Étienne Souriau,
Vocabulaire d'esthétique

°Wie jede Kunst ist auch die Typographie eine Sache der Harmonie und der Proportionen. Die Ausgewogenheit einer typographischen Komposition beruht auf der Auswahl und Anordnung einer gewissen Anzahl von Elementen, d.h. der Wahl des Formats, der räumlichen Verteilung von Text- und Bildmaterial, der harmonischen Gewichtung leerer und bedruckter Flächen... Aus der Gesamtheit dieser Bezüge erwächst die Stärke einer Komposition. Seit der Antike hat man sich in der Mathematik, der Architektur und der Malerei immer wieder mit dem Begriff der Harmonie befasst. Die Menschen haben sich schon sehr früh Gedanken über die Schönheit der Natur und die in ihr enthaltene Harmonie gemacht. Sie haben versucht, deren Geheimnisse zu ergründen, um in ihren eigenen Werken zur Perfektion zu gelangen.

on the scale of the universe – A harmonious universe   À l'échelle de l'univers – un univers harmonieux

Der Parthenon der Athene, Meisterwerk der Harmonie und des Gleichgewichts. Seine Fassade schreibt sich in ein goldenes Rechteck ein.

The Parthenon of Athens, masterpiece of harmony and equilibrium. Its façade fits within a golden rectangle.

Le Parthénon d'Athènes, chef-d'œuvre d'harmonie et d'équilibre. Sa façade est inscrite dans un rectangle d'or.

Like all art, typography is a matter of harmony and proportions. The equilibrium of a typographic composition depends on a number of elements and their interactions: choice of format, spatial organization of the text and illustrations, the equilibrium between white space and black areas… The strength of a composition springs from the totality of these relations. This concept of formal harmony has been studied since antiquity by mathematicians, architects and painters. Since time immemorial people have wondered about the beauty of nature and the harmonies it brings forth. They have tried to penetrate its mysteries in order to bring perfection to their own creations.

Comme tout art, la typographie est affaire d'harmonie et de proportions. L'équilibre d'une composition typographique tient au choix d'un certain nombre d'éléments et à leur agencement les uns en fonction des autres : choix d'un format, organisation spatiale du texte et des images, équilibre entre les blancs et les noirs… La force d'une composition naît de l'ensemble de ces rapports. Cette notion d'harmonie fait l'objet, dès l'Antiquité, d'études dans le domaine des mathématiques, de l'architecture et de la peinture. Très tôt, les hommes se sont ainsi interrogés sur la beauté de la nature et l'harmonie qui en résulte. Ils ont tenté d'en percer les mystères pour atteindre la perfection dans leurs propres œuvres.

zu den universellen Maßen – Harmonie konstruieren

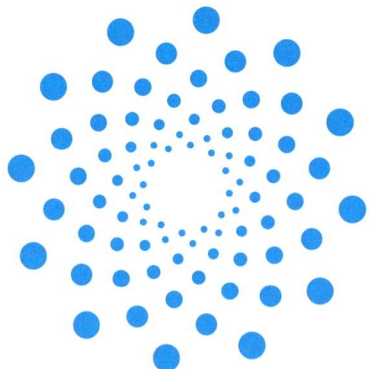

»Denker und Künstler des Altertums haben im Universum gewisse immer wiederkehrende Strukturen erkannt, die Schönheit hervorbringen. Bei dem Versuch, diese Strukturen mathematisch bzw. geometrisch zu erfassen, kamen sie zu der Erkenntnis, dass bestimmte in der Natur existierende Maße eine harmonische Beziehung zwischen den einzelnen Teilen eines Ganzen schaffen. Im Abendland waren die Griechen die Ersten, die nach Kriterien für Schönheit suchten und sie mit einer universellen, auf Maß und Proportion beruhenden Ordnung in Verbindung brachten. Die Pythagoräer und Platon begriffen die Gestaltung der Welt gemäß einer mathematischen Struktur. Dieses Denken beeinflusste das Mittelalter und die Renaissance-Epochen, in denen man die Harmonie der Natur unentwegt zu erforschen und zu erklären versuchte.

Aus dieser mathematischen Auffassung von Schönheit entwickelte sich eine Formtheorie, die die Goldene Zahl im Mittelpunkt aller Harmonie verortet. Ihr Wert beträgt genau $(1+\sqrt{5}) \div 2$, also 1,618. Sie drückt das Verhältnis zweier ungleicher Größen zueinander aus, wobei die kleinere sich zur größeren verhält wie die größere zur Summe der beiden. Da diese Zahl in pflanzlichen und menschlichen Proportionen anzutreffen war, schien sie die Existenz einer prästabilierten Harmonie göttlichen Ursprungs zwischen Mensch und Universum zu verdeutlichen. In der Renaissance bezeichnete man sie als »göttliche Proportion«, da man in ihr das Denken des Weltschöpfers verkörpert sah. Die Antike betrachtete den menschlichen Körper als Bezugsgröße der universellen Harmonie; in der Renaissance inspirierte die menschliche Anatomie die Architektur.

on the scale of the universe – constructing harmony   À l'échelle de l'univers – construire l'harmonie

Der Tannenzapfen ist anhand einer aus dem Goldenen Rechteck hervorgegangenen Spirale aufgebaut.

The structure of a pine cone is a spiral based on a golden rectangle.

La pomme de pin est construite sur une spirale issue du rectangle d'or.

The philosophers and artists of ancient times noticed that certain structures recur, lending beauty to the universe everywhere. They looked for geometric and mathematical foundations of these structures, and concluded that there exist in the very depths of nature certain values that establish harmonious relations between a whole and its parts. In the west, the Greeks were the first to study the formal conditions of beauty and to find connections between them and a universal order founded on measure and proportion. The Pythagoreans, later Plato, described the order of nature in terms of mathematical structure. This line of thought was taken up again in the European Middle Ages and Renaissance, which continued the search to discover and comprehend the harmonies perceived in nature.

Des penseurs et artistes de l'époque antique ont remarqué que, dans l'univers, certaines structures sont récurrentes et source de beauté. Ils ont recherché les fondements mathématiques et géométriques de ces structures. Ils en ont conclu qu'il existe des valeurs qui établissent un rapport harmonieux entre les parties d'un ensemble au sein même de la nature. Les Grecs sont les premiers, en Occident, à rechercher les critères de la beauté et à les mettre en rapport avec un ordre universel fondé sur la mesure et la proportion. Les Pythagoriciens puis Platon pensent l'organisation du monde selon une structure mathématique. Cette pensée va influencer le Moyen Âge et la Renaissance, qui ne cesseront de chercher à découvrir et à rationaliser l'harmonie perceptible dans la nature.

From this mathematical conception of beauty arose a theory of form that put the golden ratio at the heart of every relation of harmony. Its value is exactly $(1+\sqrt{5})\div 2$, or 1,618. It establishes the relation between two unequal values, such that the ratio of the smaller value to the larger is the same as that of the larger to the sum of the two. The presence of this ratio in the proportions of plants and in human anatomy thus reveals a divine, pre-established harmony between man and the universe. It was therefore called the "divine ratio" in the Renaissance, being seen as bearing the imprint of the creator's thought. Where antiquity regarded human proportions as the point of reference for the harmony of the universe, with the Renaissance, human proportions served to inspire architecture.

De cette conception mathématique de la beauté naît une théorie de la forme qui place le nombre d'or au cœur de toute harmonie. Il a pour valeur exacte $(1+\sqrt{5})\div 2$ soit environ 1,618. Cette valeur établit le rapport entre deux grandeurs inégales quand la plus petite est à la plus grande ce que la plus grande est à la somme des deux. La présence du nombre d'or dans les proportions végétales et humaines semble ainsi manifester l'existence d'une harmonie préétablie entre l'homme et l'univers qui relève du divin. Il est baptisé « divine proportion » à la Renaissance, car il est considéré comme la traduction de la pensée du créateur de l'univers. L'Antiquité considère le corps humain comme la référence de l'harmonie universelle ; avec la Renaissance c'est la structure de l'homme qui sert d'inspiration à l'architecture.

»In der Renaissance bildete der menschliche Körper den Schönheitskanon, und bei allen Gestaltungsproblemen orientierte man sich an seinen Proportionen.«
Jan Tschichold, Typograph

"In the Renaissance, the canon of beauty was the human body, and its proportions were applied to every problem in design."
Jan Tschichold, typographer

« À la Renaissance, le canon de la beauté était le corps humain et ses proportions étaient appliquées à tout problème de design. »
Jan Tschichold, typographe

Die »göttliche Proportion« beschäftigte Renaissancekünstler wie Leonardo da Vinci oder Albrecht Dürer. Sie spielte eine wichtige Rolle bei vielen architektonischen Entwürfen, besonders bei jenen für religiöse Bauwerke. Handwerker, Kathedralenerbauer, Architekten gaben einander, oft unter größter Geheimhaltung, jene mathematischen Formeln und Skizzen weiter, deren Ursprung nach und nach in Vergessenheit geriet. Gerade im 20. Jahrhundert wurde die Idee der harmonischen Proportionen wiederbelebt; zahlreiche Künstler befassten sich erneut mit der »göttlichen Proportion«.

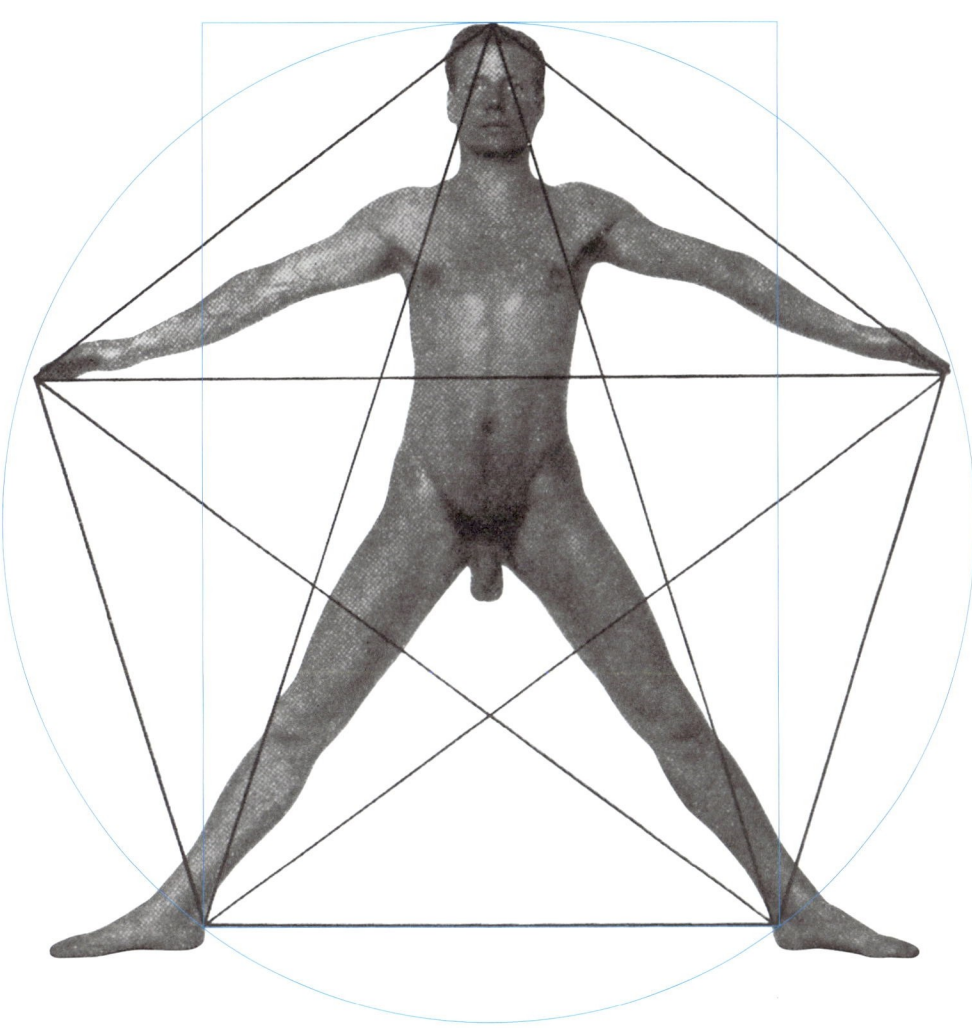

Harmonische Analyse,
der »Mikrokosmos« (Photo Manassé)

Harmonic analysis,
the "microcosm" (photo Manassé)

Analyse harmonique,
le «microcosme» (photo Manassé)

27

The "divine ratio" fascinated artists of the Renaissance like Leonardo da Vinci and Albrecht Dürer. It plays a role in many architectural plans, especially of religious buildings. As a result, craftsmen, architects, and builders of cathedrals passed on, often in great secrecy, mathematical rules and patterns whose deeper origins were gradually forgotten. It was above all in the 20th century that the notion of harmonious proportion was rediscovered and reawakened; and many artists concerned themselves with the "divine ratio."

La «divine proportion» intéresse des artistes de la Renaissance comme Léonard de Vinci ou Albrecht Dürer. Elle entre dans le tracé de nombreux plans architecturaux, particulièrement pour les édifices religieux. Artisans, bâtisseurs de cathédrales, architectes se transmettent, souvent dans le plus grand secret, ces rapports mathématiques et ces tracés dont ils ont peu à peu oublié l'origine profonde. C'est surtout au 20ᵉ siècle que la notion de proportion harmonieuse est redécouverte et réinvestie; de nombreux artistes s'interrogent à nouveau sur la divine proportion.

zu den universellen Maßen – Normen und kanonische Regeln

»Ich sehe es als meine persönliche
Aufgabe, dem heutigen Menschen einen
Platz zu schaffen fern von Unglück
und Katastrophe; einen Platz im Glück,
in der Alltagsfreude, der Harmonie.
Vor allen Dingen gilt es, die Harmonie
zwischen Mensch und Universum
wiederherzustellen bzw. herzustellen.«
Le Corbusier, Architekt

"My duty to myself, to my research,
is to try to save the man of today from
misfortune, from catastrophe; to give
him a place in happiness, in daily joy, in
harmony. In particular, it is a matter of
reestablishing or establishing harmony
between man and the universe."
Le Corbusier, architect

«Mon devoir à moi, ma recherche,
c'est d'essayer de mettre cet homme
d'aujourd'hui hors du malheur, hors
de la catastrophe; de le mettre dans le
bonheur, dans la joie quotidienne, dans
l'harmonie. Il s'agira particulièrement
de rétablir ou d'établir l'harmonie entre
l'homme et l'univers.»
Le Corbusier, architecte

»Der Architekt Le Corbusier studierte den Aufbau alter
Bauwerke unter dem Aspekt der Harmonie von
Räumen und Körpern. Er beklagte die Erfindung des
metrischen Systems, das er als »willkürliches Maß
ohne Verbindung zur menschlichen Gestalt«
betrachtete, und erarbeitete ein eigenes, auf den
Menschen zugeschnittenes, harmonisches Maßsystem, das universell auf die Architektur anwendbar
sein sollte. Dieses orientierte sich am menschlichen
Körper; er gestaltete den architektonischen Raum
nach den Maßen seiner Bewohner. Auf dem Rechteck
des Goldenen Schnitts basierend, errichtete er sein
System in Anlehnung an die verschiedenen Partien
des menschlichen Körpers, basierend auf einem
Urmaß von 6 Fuß bzw. 183 Zentimetern. Dieses System
nannte er »Modulor«.

on the scale of the universe – norms and canonical rules   A l'echelle de l'univers – normes et règles canoniques

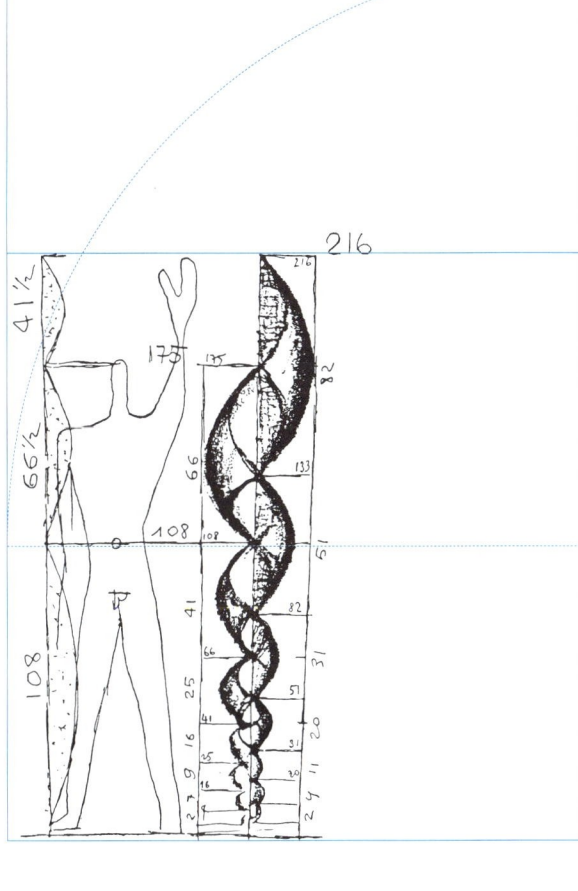

studie für den Modulor, Le Corbusier   study for the modulor, Le Corbusier   étude pour le modulor, Le Corbusier

The architect Le Corbusier studied the composition of ancient buildings, rediscovering their harmonies of space and volume. Deploring the invention of the meter, which he called "an arbitrary measure, unrelated to human stature," he undertook to develop a system of harmonious measures based on human proportions and applicable universally to architecture. His system of measures was adapted to the human body, and was meant to orient architectural space to the dimensions of its inhabitants. Using a rectangle based on the golden section, his system is defined in relation to the various members of the human body, with a base measure of 6 feet (183 centimeters). This system he called the "modulor."

L'architecte Le Corbusier, étudie la composition des anciens édifices pour y découvrir une harmonie des espaces et des volumes. Déplorant l'invention du mètre, qui est selon lui « une mesure arbitraire et sans lien avec la stature humaine », il entreprend l'élaboration d'un système de mesure harmonique, à l'échelle humaine et applicable universellement à l'architecture. Son système de mesure s'adapte au corps humain et place l'espace architectural aux dimensions de l'habitant. Construit sur le rectangle de la section dorée, son système est défini en fonction des différentes parties du corps humain, soit une mesure étalon de 6 pieds ou 183 centimètres. Il baptise ce système « le modulor ».

Miss Helen Wills (Mrs F. Moody), Klischee Dorothy Wilding, London. Harmonische Analyse der abgebildeten Photographie (strenger Goldener Schnitt)

Miss Helen Wills (Mrs F. Moody), cliché Dorothy Wilding, London. Harmonic analysis of the preceding photograph (strict golden section)

Miss Helen Wills (Mrs F. Moody), cliché Dorothy Wilding, Londres. Analyse harmonique de la photographie (section dorée rigoureuse)

Gestalt des Buchstabens A, Fra Luca Pacioli

Design for the letter A, Fra Luca Pacioli

Dessin de la lettre A, Fra Luca Pacioli

zu den seitenmaßen – die seitenformate

1÷√2
3÷4 (quart)

1÷1,538
2÷3 (oktav)

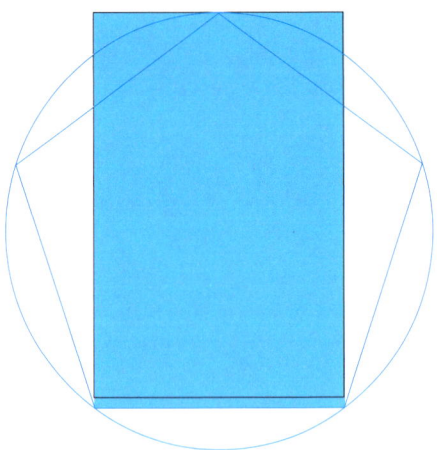

vom fünfeck abgeleitetes rechteck
rectangle derived from pentagon
rectangle dérivé du pentagone

°Mit der Suche nach vollkommener Harmonie der Proportionen beschäftigte man sich auch im Buchhandwerk. Die mittelalterlichen Kopistenmönche teilten in ihren Manuskripten den Raum der Seite gemäß vom Goldenen Schnitt beeinflussten mathematischen Formeln auf. Dann legten sie durch Falten und Ziehen von Linien den idealen Platz für die verschiedenen Kompositionselemente fest. Offenbar sind auf mathematischen Formeln basierende Proportionen für das Auge angenehmer als willkürlich festgelegte. Heute existieren unendlich viele Papierformate, denen zumeist die Goldene Zahl zugrunde liegt.

on the scale of the page – The formats of a page   À l'échelle de la page – Les formats de page

$(1+\sqrt{5}) \div 2 = 1{,}618$
$5 \div 8$

$1 \div \sqrt{3}$
$3 \div 5$

$1 \div 2$
$5 \div 9$

1,618 (Goldene Zahl)
1,618 (Golden ratio)
1,618 (Nombre d'or)

Doppeltes Quadrat
Double square
Double carré

The search for perfect harmony extends to the craft of book-making, as well. To establish the formats for their manuscripts, monks working as copyists in the Middle Ages sectioned their pages according to mathematical relations derived from the golden section. Then, using folds and ruled lines, they defined the ideal placement for various elements of the composition. It appears that the proportions obtained from such mathematical relations are more appealing to the eye than those defined arbitrarily. Nowadays, even though we have endless formats for paper, most are defined on the basis of the golden ratio.

La recherche d'une harmonie parfaite dans les proportions préoccupe également les métiers du livre. Pour déterminer les formats de leurs manuscrits, les moines copistes au Moyen Âge divisent l'espace suivant des rapports mathématiques inspirés de la section d'or. Puis, grâce à des pliages et des tracés, ils déterminent l'emplacement idéal des différents éléments de la composition. Il semble que les proportions issues de rapports mathématiques sont plus agréables à l'œil que celles définies arbitrairement. Actuellement, il existe une infinité de formats de papier; la plupart ont été définies à partir du nombre d'or.

Die in blau dargestellten Proportionen sind geometrisch definierbare, sogenannte »goldene« Proportionen; die schwarz umrandeten sind einfache, sich den goldenen Proportionen annähernde Proportionen.

The proportions represented in blue are geometrically definable, hence "golden"; those represented by a black frame are integral proportions that approximate the golden proportions.

Les proportions représentées en bleu sont des proportions géométriquement définissables, dites «dorées»; celles représentées par un cadre noir sont des proportions simples qui approchent les proportions dorées.

A0

▫ohne es zu wissen, benutzen wir heute im Alltag goldene Formate, die sich am Verhältnis 1÷√2 orientieren. Auf dieser Proportion basiert die für Papierformate eingeführte DIN-Norm (Deutsche Industrie-Norm), Vorläuferin der europäischen ISO. Der Normierungsdruck infolge einer immer stärker mechanisierten industriellen Produktion führte in den Dreißigerjahren zur Einführung der deutschen Industrienorm DIN, die nach und nach auch in den anderen europäischen Ländern Verbreitung fand. Sie bestimmt eine Reihe von Papierformaten (A4, A3, A5…), die wir täglich benutzen und die vom Briefumschlag bis zu speziellen Maschinen reicht. Dieses theoretische System ist effizient und äußerst zweckmäßig, doch die von ihm definierten Proportionen sind nicht immer befriedigend.

In fact, without realizing it, we use "golden" paper formats having sides in the proportion 1÷√2. This ratio is the basis of the European system of paper sizes DIN (Deutsche Industrie-Norm), subsequently called ISO. Growing out of the requirements of increasingly mechanized production, the DIN standards established the 1930s were adopted little by little throughout Europe. They define a series of paper sizes (A4, A3, A5…) that we now use every day, and they have been extended to formats for envelopes, machines, and so on. This system is economic and rational, but the proportions that it defines are not satisfactory for all purposes.

Aujourd'hui, sans le savoir, nous utilisons de manière quotidienne des formats dorés issus du rapport 1÷√2. Cette proportion est à l'origine d'un système de norme européenne DIN (Deutsche Industrie-Norm), appelé ensuite ISO. Un besoin de standardisation, lié à une production industrielle de plus en plus mécanisée, explique la mise en place, dans les années 30, de la norme DIN, norme industrielle allemande peu à peu étendue aux pays européens. Elle définit une série de formats de papier (A4, A3, A5…) que nous utilisons quotidiennement et dont l'usage est étendu aux enveloppes, aux machines, etc. Ce système théorique est efficace et d'une grande rationalité, mais les proportions qu'il définit ne sont pas toujours satisfaisantes.

A1

Dieses Maßverhältnis besitzt die besondere Eigenschaft, dass sich aus jedem Format durch Falten das nächst kleinere ergibt, das zum vorangegangenen homothetisch ist. Es existieren vier DIN-Serien, die Serien A, B, C und D. Jede von ihnen besitzt ein unterschiedliches Ausgangsformat. Am häufigsten wird heute die A-Serie benutzt.

This ratio has the unique property that each size, folded in half, has the size of the next size defined in the series, while retaining its ratio of height to width. There are actually four series of DIN formats, A, B, C and D, each defined by a different starting size. The A series, however, is the one most commonly used.

Ce rapport possède une caractéristique unique, telle que chaque format, plié en deux, définit le format suivant, homothétique au précédent. Il existe quatre séries de formats DIN: les séries A, B, C et D, définie chacune par un format de feuille d'origine différent. La série A est actuellement la plus utilisée.

A2

A3

A4

A5

A6

A7

A8

A0 = 84,1 × 118,9 cm
A1 = 59,4 × 84,1 cm
A2 = 42 × 59,4 cm
A3 = 29,7 × 42 cm
A4 = 21 × 29,7 cm
A5 = 14,8 × 21 cm
A6 = 10,5 × 14,8 cm
A7 = 7,4 × 10,5 cm
A8 = 5,2 × 7,4 cm
A9 = 3,7 × 5,2 cm
A10 = 2,6 × 3,7 cm

A-Serie der DIN-Formate   series A of DIN formats   série A des formats DIN ᴅDie Wahl eines Seitenformats hängt vom jeweiligen Verwendungszweck ab. So wird bei der Festlegung eines Buchformats das offene Buch, also die Doppelseite, mit bedacht. Zwecks einer bequemen Handhabung, aber auch um das Buch gut verstauen zu können (Höhe und Tiefe von Regalfächern sind genormt), ist seine Größe begrenzt. Bei großformatigen Büchern, die man auf den Tisch legt, sollten dem Quadrat angenäherte Formate verwendet werden (3÷4, 2÷3, usw.), da bei zu länglichen Formaten der obere Seitenbereich zu weit vom Auge entfernt ist. Kleine Bücher dagegen werden eher hochformatig gestaltet, weil sie in der Hand und auf Augenhöhe gehalten werden können. Die horizontalen Formate bezeichnet man als italienische, die vertikalen als französische Formate.

ᴇThe choice of a format depends on the intended use. The format of a book, for example, must take account of the book's opened size. To be easily handled and easily shelved (since shelves have standardized heights and depths), a book's size must lie within certain limits. As a rule, it is advisable to use formats close to a square (3÷4, 2÷3, for example) for books meant to lie on a table, since a tall format places the top of the page too far from the reader's eyes. On the other hand, small books are more interesting when they are narrow because they can be held easily in the hand and held at eye height. Wide formats are called Italianate; tall formats, French.

ꜰLe choix d'un format dépend de son utilisation. Le format d'un livre, par exemple, prend en compte, le livre ouvert, la double page. Pour des raisons de commodité de manipulation mais aussi de rangement (la hauteur et la profondeur des étagères par exemple est standard), la taille d'un livre est limitée. En règle générale, il est conseillé d'utiliser les formats qui tendent vers le carré (3÷4, 2÷3, etc.) pour des ouvrages de grande taille destinés à être posés sur une table, car un format trop en longueur rendra le haut de la page trop éloigné de l'œil. En revanche, les petits ouvrages sont plus intéressants quand ils sont composés dans la hauteur parce qu'ils peuvent être tenus dans la main et placés à hauteur d'œil. Les formats horizontaux sont dits à l'italienne, les formats verticaux à la française.

Für das vorliegende Buch haben wir die Proportion 1÷√2 gewählt, also ein Format von 31×21,9 Zentimetern.

For this book we have chosen the proportion 1÷√2, that is 31×21,9 centimeters.

Nous avons choisi pour ce livre la proportion 1÷√2, c'est-à-dire un format de 31×21,9 centimètres.

zu den seitenmaßen – der seitenaufbau

»wir drücken uns notwendigerweise
durch worte aus, und wir denken fast
immer räumlich.«
Henri Bergson, Philosoph

"of necessity we express ourselves in
words, but we most often think in terms
of space."
Henri Bergson, philosopher

«Nous nous exprimons nécessairement
par des mots, et nous pensons le plus
souvent dans l'espace.»
Henri Bergson, philosophe

on the scale of the page – The composition of a page   À l'échelle de la page – La composition d'une page

ᴰHat man das Buchformat festgelegt, muss nach den gleichen Prinzipien ein harmonisches Verhältnis zwischen der Seite und ihren Kompositionselementen erzeugt werden. Mehrere Typographen des 20. Jahrhunderts haben versucht, die Herstellungsgeheimnisse mittelalterlicher Manuskripte zu ergründen. Die Mönche benutzten geometrische Liniennetze, um je nach Seitenformat den idealen Platz für den Text und die Randmaße zu bestimmen. Sie erfanden ein Liniensystem, mit dem man ohne vorherige Berechnung jede beliebige Seitengröße harmonisch aufteilen konnte. Allerdings sind diese »Werkstattrezepte« im Laufe der Zeit verloren gegangen.

ᴱOnce the format of the book is defined, we can establish a harmonious relation, using the same principles, between the page and the elements of the composition. Many typographers of the 20th century turned to manuscripts of the Middle Ages to uncover the secrets of their creation. The monks who created them used geometric lines to define the optimal placement of the text and the margins as a function of the page's format. They established regulating layout lines to divide any page harmoniously, without calculations. These "workshop rules" got lost in the course of time.

ᶠUne fois défini le format du livre, il s'agit maintenant d'établir selon les mêmes principes un rapport harmonieux entre la page et les éléments de composition. Plusieurs typographes du 20ᵉ siècle se sont penchés sur les manuscrits du Moyen Âge pour en découvrir les secrets de fabrication. Les moines de l'époque utilisaient des tracés géométriques pour définir l'emplacement idéal du texte et des marges en fonction du format de la page. Ils ont établi des tracés régulateurs afin de diviser n'importe quel format de page harmonieusement et sans calcul. Ces « recettes d'atelier » se sont perdues au fil des ans.

41

um zur Neunerteilung der seite zu gelangen, zeichnet man die beiden Diagonalen der Doppelseite sowie die Diagonalen der Einzelseiten. Vom schnittpunkt von Doppelseitendiagonale und Diagonale der rechten seite aus zieht man eine senkrechte bis zum oberen Papierrand. Ausgehend von diesem Randpunkt zieht man eine Gerade bis zu dem Punkt, an dem die zweite Doppelseitendiagonale die Diagonale der linken seite schneidet. Wo diese neue Gerade die Diagonale der rechten seite schneidet, liegt der linke obere Eckpunkt des satzspiegels, der das Maß der Neunerteilung vorgibt. Man überträgt ihn auf die gegenüberliegende Doppelseitendiagonale, um den rechten oberen Eckpunkt zu erhalten. Nun zieht man eine senkrechte nach unten bis zur seitendiagonale und legt so den unteren rechten Eckpunkt fest. Der letzte Eckpunkt ergibt sich durch übertragung.

To obtain a nine-part division of the page, draw diagonals across the double page, then diagonals for each single page. Find the upper intersection of the diagonal of the double page with a diagonal of the right-hand page, then draw a vertical line to the edge of the paper. From this edge, draw a line to the corresponding intersection of diagonals on the left-hand page. This new line cuts the diagonal of the right page at a point that determines the unit of the nine-part division. It sets the position of the upper left-hand corner of the block of text. Copying this point to the double page diagonal gives the upper right corner. Draw a vertical line downwards to the diagonal to find the lower right-hand corder. The last corner is obtained by application.

Pour obtenir une division par neuf de la page, tracer les diagonales de la double page puis celles de chaque page. Repérer le point supérieur d'intersection de la diagonale de la double page avec celle de la page de droite, puis tracer une verticale jusqu'au bord du papier. Depuis ce bord rejoindre le point situé à l'intersection de l'autre diagonale de la double page avec celle de la page de gauche. Cette nouvelle droite coupe la diagonale de la page de droite en un point qui détermine l'unité de la division par neuf. Il correspond au coin supérieur gauche du bloc de texte. Reporter ce point sur la diagonale de la double page à droite pour obtenir le coin supérieur droit, puis descendre une verticale jusqu'à la diagonale de la page pour déterminer le coin inférieur droit. Le dernier coin est obtenu par déduction.

villard de Honnecourt, ein französischer Architekt des 13. Jahrhunderts, erarbeitete einen harmonischen Kanon, mit dem sich eine Gerade ohne Lineal in beliebig viele gleiche Abschnitte zerlegen lässt. Mit Hilfe dieses auf alle Rechtecke anwendbaren Kanons erhält man, ausgehend von der Doppelseite, ein schema zur Festlegung eines satzspiegels. Es wird symmetrisch erzeugt mit Hilfe der Diagonalen von seite und Doppelseite und berücksichtigt das Verhältnis von Breite und Höhe. Ob villard de Honnecourt tatsächlich der Erfinder dieser sogenannten »göttlichen Proportion« ist, konnte jedoch nie erwiesen werden, da die meisten seiner schriften verbrannt sind.

Villard de Honnecourt, a French architect of the 13th century, defined a "harmonic canon" that made it possible to divide a straight line into as many equal parts as wished. His principle can be applied to any rectangle, as well; it allows one to find a unit of division for the page on the basis of the double page, and to construct a single block of text framed by margins. It is obtained by symmetry, using the diagonals of the page and of the double page, and a relation between the width and the height. The "divine proportions" of Villard de Honnecourt are attributed to him without documentary evidence, however, for most of his writings have been lost to history.

Villard de Honnecourt, architecte français du 13ᵉ siècle, définit un canon harmonique qui permet sans aucune règle de diviser une droite en autant de parties égales que l'on souhaite. Son principe peut s'appliquer à tous les rectangles, il permet d'obtenir une unité de division de la page à partir de la double page et de construire un bloc de texte unique, encadré de marges. Il est obtenu par symétrie, en utilisant les diagonales de la page et de la double page, suivant un rapport entre la largeur et la hauteur. Les proportions appelées « divines » de Villard de Honnecourt lui sont attribuées sans aucune preuve car ses écrits, pour la plupart, ont brûlé au cours de l'histoire.

welche regeln man auch immer zur anlage des satzspiegels verwendet, die weißen ränder dienen vor allem als trennbereiche zwischen dem text und der umgebung des buches. man unterscheidet vier verschiedene ränder: bundsteg, kopfsteg, außensteg und fußsteg. die mittelalterlichen liniensysteme gaben breite ränder vor, da die meisten der damaligen bücher sakrale texte beinhalteten und ihre schrift, die als abbildung des göttlichen wortes galt, nicht berührt werden durfte. es gibt auch alte bücher mit schmalen rändern, was aber daran liegt, dass sie nach einem brand neu zugeschnitten wurden. die ränder haben also das wesentliche des buches geschützt: den text.

Kopfsteg
Head margin
Marge de tête

Bundsteg
Gutter margin
Marge intérieure

Außensteg
Outside margin
Marge extérieure

whatever the different rules employed to define a block of the composition, it is above all the white margins that mediate between the text and its environment. Four types of margins are distinguished: the gutter margin, the head margin, the outside and the bottom margin. The lines drawn in the Middle Ages define broad margins because most books of that time contained sacred texts that, as the representation of the divine word, must not be touched. To be sure, one finds books of this time with narrow margins, but only because they were saved after having caught fire. The wide margins protected the essential thing they framed: the text.

Quelles que soient les différentes règles utilisées pour définir un bloc de composition, les marges blanches servent avant tout à s'intercaler entre le texte et l'environnement du livre. On distingue quatre types de marges : la marge intérieure, la marge de tête, la marge extérieure et la marge de pied. Les tracés utilisés au Moyen Âge définissent de larges marges car la plupart des livres de l'époque sont des textes saints et l'écriture, comme représentation de la parole divine, ne doit pas être touchée. On trouve des livres anciens avec des marges étroites car ils ont été recoupés après avoir brûlé. Les marges ont ainsi protégé l'essence du livre : son texte.

45

Fußsteg
Bottom margin
Marge de pied

Neunerteilung von Seitenhöhe und Seitenbreite nach dem Villard'schen Teilungskanon, angewandt auf das Format 1÷√2.
»Diese geometrische Neunerteilung ist
einfacher und exakter als eine millimeter-
genaue Berechnung.«
Jan Tschichold, Typograph

Division by 9 of the height and width of
the page by means of the canon of Villard
de Honnecourt applied to the format
1÷√2. "This geometric division by 9
is simpler and more precise than any
calculation in millimeters."
Jan Tschichold, typographer

Division en 9 de la hauteur et de la largeur
de la page au moyen du canon de Villard
de Honnecourt appliqué au format 1÷√2.
«Cette division géométrique en 9 est
plus simple et plus précise qu'un calcul
millimétrique.»
Jan Tschichold, typographe

°Mit der Weiterentwicklung des Buchdrucks
entstanden neue Notwendigkeiten. Die weniger
aufwändige, da immer stärker mechanisierte
Buchherstellung erlaubte eine Diversifizierung
von Inhalten und Leserschaft. Auf der Suche
nach Methoden des Seitenlayouts, die einen funk-
tionellen und variablen Umgang mit dem Raum
ermöglichten, entdeckten Typographen wie
Jan Tschichold und Karl Gerstner zu Beginn des
20. Jahrhunderts die mittelalterlichen Ordnungslinien wieder und interpretierten sie neu.
Die heutige, ökonomisch bedingte Notwendigkeit
einer maximalen Ausnutzung des Papiers verdrängt
das Villard'sche Schema mit seinen breiten Rändern.
Die Verwendung von Ordnungslinien ist mittler-
weile eher nebensächlich geworden. Stattdessen
wird häufig mit einem Raster gearbeitet, das
unmittelbar von den mittelalterlichen Prinzipien
der Seitenaufteilung abgeleitet ist.

ᴱ With the development of printing, the book acquired new needs. Its fabrication, less tedious because more mechanized, now permitted a wider range of contents and of readers. At the onset of the 20th century, typographers like Jan Tschichold and Karl Gerstner rediscovered the medieval guide rules and reinterpreted them. Their initiative took place in the context of a search for principles of layout that would permit functional use and modularization of the book's space. Modern economic constraints exert pressure to use as much of the printable area as possible, and they make it difficult to use the rules of Villard de Honnecourt with his large margins. Thus, the use of regulating layout lines has become marginal in our time. On the other hand, the layout grid, derived directly from medieval principles for division of the page, is a widespread tool.

ᶠ Avec l'évolution de l'imprimerie, le livre connaît de nouveaux besoins. Sa fabrication, moins onéreuse car de plus en plus mécanisée, permet une diversification du contenu et des lecteurs. Au début du 20ᵉ siècle, des typographes comme Jan Tschichold et Karl Gerstner redécouvrent les tracés médiévaux et les réinterprètent. Leur démarche s'inscrit dans un contexte de recherche de principes de mise en page qui permettent une utilisation fonctionnelle et modulable de l'espace. Les contraintes économiques actuelles et avec elles, la nécessité d'une occupation maximale du papier, rendent peu utilisable le tracé de Villard de Honnecourt avec ses larges marges. L'utilisation des tracés régulateurs est de nos jours très marginale. En revanche l'emploi de la grille, directement héritée des principes médiévaux de division de la page, est largement répandu.

»Die Typographie ist ein Bereich zwischen Kunst und Technik.«
Raoul Hausmann, Künstler

"Typography is a domain intermediate between art and technology."
Raoul Hausmann, artist

«La typographie est un domaine intermédiaire entre l'art et la technique.»
Raoul Hausmann, artiste

Im 20. Jahrhundert wandelten sich die Gestaltungsprinzipien der Typographie. Von den künstlerischen Avantgarden (Kubismus, Futurismus, Dadaismus usw.) beeinflusst, betrat sie das Gebiet der Kunst. Beziehungen zwischen Raum, Linie, Farbe, Form und Gegenform wurden nun aus ästhetischer und künstlerischer Sicht beurteilt. Schriftgießer und Drucker gründeten gemeinsame Schriftgießereien. In Deutschland führte das Bauhaus eine Graphikerausbildung ein und trug dazu bei, die graphische Gestaltung zu einer künstlerischen Disziplin zu machen. Im Zweiten Weltkrieg musste die Schule schließen, denn die Nazis bezichtigten sie ebenso wie die moderne Kunst des Kulturbolschewismus. Einige Lehrer und Schüler des Bauhauses wanderten in die Schweiz aus, wo sie ihre Forschungen fortsetzten. Sie entwickelten ein von den alten Ordnungslinien inspiriertes System der vertikalen und horizontalen Seitenaufteilung und nannten es Gestaltungsraster.

In the 20th century typography acquired new orientations. Influenced by the cultures of the avant-gardes (cubism, futurism, dadaism etc.) it became an artistic discipline. The relations of space, line, color, form and formal contrast were rediscovered from the perspectives of art and aesthetics. Foundries and printers joined forces to create type foundries. In Germany the Bauhaus school developed a course in graphic arts and helped to make it an artistic discipline. Like other currents in modern art, the Bauhaus was accused by the Nazis of cultural Bolshevism, and had to close. Some of its teachers and students emigrated to Switzerland and continued their work there. They perfected a system, inspired by the centuries old regulating layout lines, that divided up the page vertically and horizontally, calling their scheme the typographic grid.

Au 20ᵉ siècle, la typographie s'organise différemment. Influencée par toutes les avant-gardes culturelles (cubisme, futurisme, dadaïsme etc.) elle fait son entrée dans le champ artistique. Les rapports entre espace, ligne, couleur, forme, contreforme sont redécouverts d'un point de vue esthétique et artistique. Les fondeurs et imprimeurs se regroupent et créent des fonderies de caractères. En Allemagne, l'école du Bauhaus met en place un enseignement du graphisme et contribue à en faire une discipline artistique. Pendant la Seconde Guerre Mondiale l'école ferme, accusée par les nazis, au même titre que l'art moderne, de bolchevisme culturel. Certains enseignants et étudiants de l'école s'exilent en Suisse et poursuivent là-bas leurs recherches. Ils mettent au point un système, inspiré des anciens tracés régulateurs, qui divise l'espace de la page verticalement et horizontalement. Ils le nomment grille typographique.

Anlegen des horizontalen Rasters
Nachdem wir die Seitenbreite mittels des
villard'schen Rasters durch neun geteilt
haben, möchten wir die Seite nun noch
feiner aufgliedern. Die Rasterweite soll
in der Nähe eines Cicero* (4,512 mm)
liegen, da der Raster den Spaltenabstand
(Abstand zwischen zwei Textblöcken)
definiert.
* seite 61

Layout line in the horizontal grid
Having obtained a division into nine parts
using the lines of villard de Honnecourt,
we look for a finer division of the page,
a unit that may be close to the cicero*
(4,512 mm), since it defines the size of
the column spacing between two blocks
of text.
* page 61

Tracé de la grille horizontale
Après avoir obtenu une division en neuf
de la largeur de la page par le tracé de
villard de Honnecourt, nous avons
cherché une division plus fine de la page.
La valeur de cette unité doit être proche
du cicero* (4,512 mm) car elle définit
la valeur d'une gouttière (l'espace entre
deux blocs de texte).
* page 61

°Das System erlaubt es, innerhalb eines Werkes zu
visueller Kohärenz und harmonischer Komposition
zu gelangen. Die Erfindung des Gestaltungsrasters
war wegweisend für die Entwicklung des Grafik-
designs. Der auf den ersten Blick starre Raster
ermöglicht in der Praxis große Flexibilität. Auf einer
einzigen Struktur basierend, erlaubt er beim Aufbau
jeder einzelnen Seite zahlreiche Anordnungs-
möglichkeiten von Text und Bild. Die in einem pro-
portionalen Verhältnis zum Seitenformat erzielte
horizontale Aufteilung bestimmt die Breite von
Spalten* und Spaltenabständen*.
* seite 53

used to organized the layout of a work, it ensured visual coherence and harmonious composition. It assumed a central role in the development of the graphic arts. while on first take the typographic grid seems rigid, in reality it permits a great deal of flexibility. Based on a common structure, the composition of each page permits many variations in the arrangement of texts and images. The horizontal division, established relative to the format of the page, sets the widths of columns and column spacing*. The vertical division corresponds to the leading*.
*page 53

ce système permet au sein d'un même ouvrage d'obtenir une cohérence visuelle et une composition harmonieuse. L'invention de la grille typographique est déterminante dans l'évolution du graphisme. Rigide au premier abord, la grille permet en réalité une grande flexibilité dans son utilisation. À partir d'une même structure, la composition de chaque page permet de multiples variations entre textes et images. La division horizontale, établie selon un rapport proportionnel au format de la page, détermine la largeur des colonnes et des gouttières*.
*page 53

Aus dem Villard'schen Teilungskanon hervorgegangener Satzspiegel
Block of composition from the lines of Villard de Honnecourt
Bloc de composition issu du tracé de Villard de Honnecourt

textspalte
coloumn of text
colonne de texte

spaltenabstand
column spacing
gouttière

uns stehen jetzt neun spalten zur verfügung, die wir mit text füllen können. wir haben beschlossen, dieses rastersystem mit dem villard'schen raster zu kombinieren. unser layout verbindet somit ein aus dem mittelalter stammendes erbe mit einer ende der vierzigerjahre entwickelten struktur. die eine schafft eine elegante beziehung zwischen textaufbau und seitenraum, die andere bietet flexible verwendungsmöglichkeiten.

Having decided to use the system of regulating lines of villard de Honnecourt, we will henceforth have nine columns, each of which can contain text. The grid of our document thus draws on the heritage of the late Middle Ages combined with a structure elaborated at the end of the 1940s. The one provides an elegant balance between the blocks of text and the empty space on the page; the other provides flexibility.

Nous disposons désormais de neuf colonnes pouvant contenir du texte. Nous avons décidé de mettre en relation ce système de grille avec le tracé de villard de Honnecourt. La grille de notre document est ainsi une combinaison d'un héritage datant du Moyen Âge et d'une structure élaborée à la fin des années 40 : l'un pour son élégance entre la composition du texte et l'espace de la feuille, l'autre pour la flexibilité de son utilisation.

verwendungsmöglichkeiten des Rasters   possible uses of the grid   possibilités d'utilisation de la grille

verwendungsmöglichkeiten des Rasters
Die spalten sind voneinander durch einen festgelegten
Abstand getrennt. Je nach Bedarf kann der Text die Breite
von einer, zwei, drei oder sechs spalten haben. Die beiden
außerhalb des satzspiegels gelegenen spalten entsprechen
dem vom villard'schen Raster vorgegebenen Rand. wir haben
sie für die Paginierung verwendet.

Possible uses of the grid
The columns are separated by a narrow white space.
As needed, the text can occupy the width of one, two or the
of the six columns. The two columns exterior to the block
correspond to the margin set by the lines of villard de
Honnecourt. we have used them for setting page numbers.

utilisation de la grille
Les colonnes sont séparées entre elles par une gouttière. selon
les besoins, le texte peut occuper la largeur d'une, de deux,
de trois ou de six colonnes. Les deux colonnes extérieures au
bloc correspondent à la marge dessinée par le tracé de villard
de Honnecourt. Nous les avons utilisées pour la pagination.

° Anlegen des vertikalen Rasters
Er dient dazu, die Elemente auf der Seite vertikal
anzuordnen, und vor allem dazu, die Textzeilen
zu platzieren. Den vertikalen Raster haben wir
entsprechend dem für unseren Fließtext gewählten
Zeilenabstand*festgelegt. Wir verwenden zwei
verschiedene Schriftgrößen*: eine kleinere für Bild-
unterschriften und Zitate, eine größere für den Text.
Je nach Schriftgröße ändert sich auch der optimale
Durchschuss, deshalb arbeiten wir mit zwei
aufeinander bezogenen vertikalen Rastern.
Nachdem nun horizontaler und vertikaler Raster
festliegen, können wir ein in sich schlüssiges
Seitenlayout entwerfen.
*Seiten 73 | 97

Line of the vertical grid
It serves to organize the elements of the page in the vertical directions and, most essentially, to place the lines of text. we have determined the unit of the vertical grid from the leading* chosen for the running text. we use two different body sizes*: a small size for legends and citations, and a larger size for the text. For each body size, the optimal leading is different, and accordingly there are two different vertical grids. Now that the vertical and horizontal grids are established, we can establish a coherent system for the page layout.
* pages 73 | 97

Tracé de la grille verticale
Elle sert à organiser les éléments de la page dans la verticalité et essentiellement à placer les lignes de texte. Nous avons déterminé l'unité de la grille verticale en fonction de l'interlignage* choisi pour notre texte courant. Nous utilisons deux corps* différents de caractères: un petit corps pour les légendes et les citations, un corps plus grand pour le texte. Pour chaque corps l'interlignage optimal est différent, aussi y a-t-il deux grilles verticales qui se correspondent. Une fois les grilles verticale et horizontale mises en place, nous pouvons maintenant établir un système cohérent de mise en page.
* pages 73 | 97

zu den seitenmaßen – das typographische maß

↓ 1 pica = 12 punkt
↓ 1 zoll = 6 pica

1 cicero = 12 didot-punkt →
1 französischer zoll = 6 cicero →

Angelsächsisches system
Metrisches system
Didot'sches system

English system
Metric system
Didot system

système anglo-saxon
système métrique
système Didot

Das metrische oder Dezimalsystem hat sich in der Typographie nie durchgesetzt. Die heute verwendeten typographischen Maße sind Nachfahren des angelsächsischen Maßsystems, eines am menschlichen Körper ausgerichteten Systems. Ausgangspunkt des angelsächsischen Systems ist das Yard, das sich in drei Fuß zerlegen lässt und etwas weniger als einen Meter lang ist. Ein Fuß entspricht zwölf Zoll, das Yard entspricht also 36 Zoll und beruht auf einem Zwölfersystem. Paradoxerweise wurde das erste typographische Maßsystem in Frankreich entwickelt, und zwar 1742 von dem Schriftgießer Pierre Simon Fournier. Sein Ziel war es, die von den verschiedenen Gießereien hergestellten Schriftgrößen zu vereinheitlichen. Fournier schuf den Punkt als Teil eines »Pariser Fußes«. Doch seine Erfindung fand in Frankreich zunächst keinen Anklang. Die Engländer dagegen übernahmen den Fournier-Punkt sofort und unterteilten ihn in Pica.

on the scale of the page – typographic measures   À l'échelle de la page – La mesure typographique

← 1 Fuß = 12 Zoll

[E] The measures used today in typography are inherited from English measures, closely bound to dimensions of the human body, and have never been infiltrated by the metric (or decimal) system. A basic measure of the English system is the yard, which comprises three feet and is a little less than a meter. A foot is twelve inches, and a yard is thus 36 inches; the system thus has a number base of 12. Paradoxically, France, which gave birth to the metric system, also brought forth a first system of typographic measures. Defined in 1742 by Pierre Simon Fournier, an engraver of stamps, this system was meant to unify the sizes of faces from various foundries. Fournier defined the point, a fraction of the "Parisian foot". His point, while at first not accepted in France, was immediately adopted in the Anglo-Saxon world, though based there on the pica.

[F] Le système métrique ou décimal ne s'est jamais imposé en typographie. Les mesures utilisées aujourd'hui en typographie sont héritées du système de mesure anglo-saxon, système lié au corps humain. À la base du système anglo-saxon se trouve le yard qui se divise en trois pieds et équivaut à un peu moins d'un mètre. Un pied est égal à douze pouces, le yard est donc égal à trente-six pouces et repose sur une base numérique de douze. Paradoxalement, c'est en France qu'est élaboré un premier système de mesure typographique. Mis en place en 1742 par Pierre Simon Fournier, graveur de poinçons, il a pour but d'unifier les tailles des caractères produits dans les différentes fonderies. Fournier crée le point, fraction du « pied parisien ». Mais son invention ne trouve pas immédiatement d'écho en France. Les anglo-saxons, en revanche, adoptent immédiatement le point Fournier et le subdivisent en picas.

↙ 2 Fuß = 24 Zoll

yard ı yard ı yard
Fuß ı foot ı pied
Zoll ı inch ı pouce
Pica ı pica ı pica
Pica-Punkt ı pica-point ı point pica

Meter ı meter ı mètre
Zentimeter ı centimeter ı centimètre
Millimeter ı millimeter ı millimètre

Französischer Zoll ı pouce (French inch) ı pouce français
Cicero ı cicero ı cicero
Didot-Punkt ı Didot-point ı point Didot

ᵖEine Generation später, im Jahr 1770, übernahm der französische Gießer Firmin Didot Fourniers System. Er reaktivierte es, wobei er den »Pariser Fuß« durch den etwas größeren »königlichen Fuß« ersetzte. Der Didot-Punkt ist also größer als der Fournier-Punkt. Zwölf Didot-Punkt sind ein Cicero. Das Didot'sche System wurde in Frankreich für den Bleisatz und den Photosatz verwendet. Mit dem Aufkommen des digitalen Seitenlayouts wurde es vom Pica-System verdrängt. Pica ist das angelsächsische Pendant zum Cicero. Ein Pica entspricht zwölf Pica-Punkt, ist aber deutlich kleiner als ein Cicero.

ᴱA generation later, in 1770, the foundry of Firmin Didot adopted Fournier's system. He modified it by basing it on the "royal" rather than the "Parisian foot", which was slightly larger. Didot's point is thus larger than Fournier's. Twelve Didot points constitute a cicero. The Didot system is still used in France for composition in lead and in photo-composition. Since the advent of computer-based typography, it has been supplanted by the English pica. The pica is the English version of the cicero. It is also divided into twelve points, but it is slightly smaller than a cicero.

ᶠUne génération plus tard, en 1770, le fondeur français Firmin Didot adopte le système de Fournier. Il le réadapte en remplaçant le « pied parisien » par le « pied royal », un peu plus grand. Le point Didot est donc plus grand que celui de Fournier. Douze points Didot constituent un cicero. Le système Didot est utilisé en France pour la typographie au plomb et la photocomposition. Il est supplanté par le système anglo-saxon du pica avec l'arrivée de la composition typographique informatisée. Le pica est le pendant anglo-saxon du cicero. Un pica équivaut à douze points pica, mais il est nettement plus petit que le cicero.

schlussbemerkung

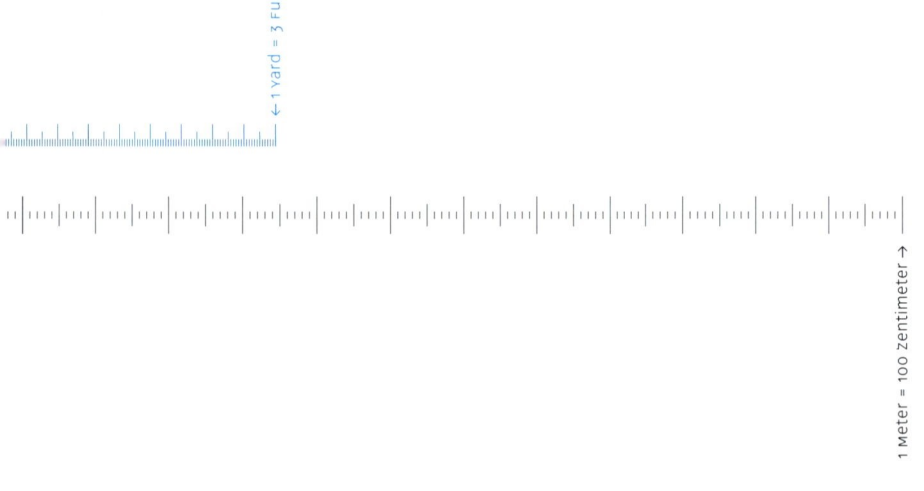

← 1 yard = 3 fuß

1 meter = 100 zentimeter →

◦Bei der entwicklung von Prinzipien des seitenaufbaus
nutzten die Typographen auf sinnvolle weise Ideen
und Modelle aus der Antike, dem Mittelalter und
der Renaissance. Im 20. Jahrhundert wandelte sich
das Konzept der seitengestaltung. Man legte nun
größeres Augenmerk auf die Beziehung von leeren
und bedruckten Flächen und die Anordnung
der Flächen auf der seite. Man entdeckte die alten
Liniennetze wieder und erfand eine neue seiten-
aufteilungsmethode, die größere Freiheit und
Flexibilität in der verwendung brachte.

conclusion

conclusion

63

From study of antique, medieval and Renaissance documents, typographers have been inspired to develop modern systems of page layout. The 20th century brought a new approach to composition with special attention to the relations between empty and filled spaces. It rediscovered old systems of layout organization and reinvented them in the form of a system for sub-dividing the page to allow more freedom and flexibility.

Les typographes ont su s'inspirer des recherches antiques, médiévales et de la Renaissance pour établir des principes de mise en page. Le 20ᵉ siècle apporte un regard nouveau sur la composition, il se préoccupe davantage des vides et des pleins, de la place du noir dans l'espace de la page. Il redécouvre les anciens tracés et réinvente un système de division de la page permettant plus de liberté et de flexibilité dans son utilisation.

zweites kapitel

zu den weißräumen
das spannungsverhältnis
von weiß und schwarz
weißräume in der typographie
weißräume zwischen zeilen
weißräume zwischen buchstaben
weißräume zwischen wörtern
unschöne weißräume

chapter two   deuxième chapitre

¶ 65

on white space
The tension
between black and white
white spaces in typography
white spaces between lines
white spaces between letters
white spaces between words
Infelicitous white space

Des blancs
Les rapports de tension
entre le blanc et le noir
Le blanc en typographie
Le blanc entre les lignes
Le blanc entre les lettres
Le blanc entre les mots
Les blancs disgracieux

Bei Layoutprogrammen werden die weißen Zwischenräume in einem Text durch sogenannte »unsichtbare Zeichen« dargestellt. Wir haben sie hier sichtbar gemacht, denn oft macht gerade dieses »unsichtbare« die Schönheit einer typographischen Gestaltung aus.

software for composition and layout realizes white space by inserting so-called "invisible characters." Here we have made these visible and have suppressed the text proper, for often it is to its "invisibles" that a typographic composition owes its beauty.

Dans les logiciels de composition, les espaces blancs dans le bloc texte sont matérialisés par des signes appelés « caractères invisibles ». Ici nous les avons rendus visibles parce que c'est souvent cet « invisible » qui fait la beauté d'une composition typographique.

spannung
spannung im übertragenen sinne gibt
es überall dort, wo einander entgegen-
gesetzte kräfte (äußere oder innere)
ein ding in verschiedene richtungen
ziehen. so kann man von spannung in
einer bildkomposition sprechen, wenn
sich darin kräftige komplementärfarben
gegenüberstehen.
etienne souriau, a.a.o.

tension
tension, in the sense meant here, is
found wherever opposing forces
(exterior or interior) pull some object
in two different ways. thus, we can speak
of tension within a painting, where
vividly complementary colors oppose
one another.
etienne souriau, op.cit.

tension
il y a tension au sens figuré dans tous les
cas où des forces opposées (extérieures
ou intérieures) tirent quelque chose en
deux sens inverses. ainsi on peut parler
d'une tension dans une œuvre picturale
où des couleurs complémentaires très
vives s'opposent.
etienne souriau, op.cit.

the tension between black and white   les rapports de tension entre le blanc et le noir

Der weiße und der schwarze Punkt haben beide denselben Durchmesser, trotzdem wirkt der weiße Punkt größer als der schwarze. Er scheint weiter im Hintergrund zu liegen, wie ein Loch, während der schwarze Punkt wie ein Punkt im Vordergrund steht.

The white point and the black point have each the same diameter, but the white point appears to us larger than the black one. The white point appears to lie in the background, like a hole, while the black point appears like a knob placed in the foreground.

Le point blanc et le point noir ont le même diamètre, pourtant le point blanc paraît plus gros que le point noir. Le point blanc semble placé au second plan, comme un trou, alors que le point noir est comme une pastille placée au premier plan.

67

Die beiden grauen Streifen haben den gleichen Grauton, dennoch wirkt der Streifen in der weißen Umgebung heller als der in der schwarzen.

The density of the two gray stripes is in fact the same, but the one framed in white appears lighter than the one framed in black.

La densité des deux bandes grises est la même, pourtant celle encadrée de blanc paraît plus claire que celle encadrée de noir.

»Die moderne Kunst hat der leeren Fläche die gleiche Bedeutung beigemessen wie der gefüllten. Der Weißraum ist zu einem vollwertigen Gestaltungselement geworden, er lässt die bedruckte Seite atmen. Die Typographie ist ein Spannungsverhältnis von Weiß und Schwarz. Der Umgang mit dem Leerschritt – den manche Typographen als den 27. Buchstaben des Alphabets betrachten – ist besonders schwierig, vielleicht weil man ihn sieht, ohne ihn zu sehen. Eine bestimmte Menge an Schwarz hat nicht dasselbe Gewicht wie die gleiche Menge an Weiß. Der Kontrast zwischen Schwarz und Weiß hängt von der Umgebung ab, in die man beide stellt. Je nachdem, welches der beiden Elemente man betonen will, kann sich die gesamte räumliche Aufteilung verändern. Kräftiges Schwarz neigt dazu, sich nach vorne zu schieben, während Weiß Tiefe erzeugt. Aus dem Spiel mit diesen Eigenschaften ergeben sich optische Effekte.

[EN] Modern art has given the empty surface an importance as great as that of the filled surface, and white space has become a full-fledged element of composition. In typography white space makes the printed page breathe. Typography is a relation based on the tension between white and black. Considered by some typographers to be the 27th letter of the alphabet, the white space is the element most difficult to manage in typography, perhaps because we see it without seeing it.
A given quantity of black doesn't have the same value as an identical quantity of white. The effect of contrast between black and white depends on the environment that surrounds them. Contingent on the importance given to one or the other, the spatial organization can shift. A dense black tends to move to the foreground, while white creates depth. Playing with these properties, the typographer can create optical effects.

[FR] L'art moderne a donné à la surface vide autant d'importance qu'à la surface pleine. Le blanc est devenu un élément à part entière de la composition, il donne une respiration à la page imprimée. La typographie est un rapport de tension entre le blanc et le noir. Considéré par certains typographes comme la 27ᵉ lettre de l'alphabet, le blanc est l'élément le plus difficile à gérer en typographie, peut-être parce qu'on le voit sans le voir.
Une quantité de noir n'a pas la même valeur qu'une quantité identique de blanc. L'effet de contraste entre le noir et le blanc dépend de l'environnement dans lequel ils sont placés. En fonction de l'importance que l'on donne à l'un ou à l'autre, l'organisation spatiale peut basculer. Un noir dense a tendance à se placer au premier plan, alors que le blanc crée une profondeur. Jouer sur ces propriétés produit des effets optiques.

»Diese Leere ist ein außergewöhnlicher Ort. Nie hätte ich mir einen solchen Reichtum träumen lassen. Ich hatte mich wirklich getäuscht. Die Leere ist voll. Voller Hoffnung, voller Liebe, voller Zukunft. Und genau das hat mich dazu bewogen, Maler zu werden; ich hatte begriffen, dass die Leere uns ermöglicht zu schöpfen, etwas zu imaginieren. Ja, die Leere ist Fülle.«
Gottfried Honegger, Maler und Bildhauer

"This empty space is an exceptional place. I would never have imagined such riches. Yes, I was deceived. Empty space is full – full of hope, full of love, full of things to come. And in fact it was at that moment that I decided to become a painter; I understood that it is emptiness that permits us to create, to imagine. Yes, empty space is full."
Gottfried Honegger, painter and sculptor

«Ce vide est un lieu exceptionnel. Je n'aurais jamais imaginé une pareille richesse. Oui, je me suis trompé. Le vide est plein. Plein d'espoir, plein d'amour, plein d'avenir. C'est d'ailleurs à ce moment-là que j'ai décidé de devenir peintre; j'ai compris que le vide nous permet de créer, nous permet d'imaginer. Oui, le vide est plein.»
Gottfried Honegger, peintre et sculpteur

°Weiß ist die Summe der Farben des Farbspektrums, Schwarz dagegen die absolute Absorption oder Abwesenheit von Licht. In der Graphik ist das Weiß der nicht bedruckte Raum, den man als leere Fläche auffassen kann. Diesen Raum muss man sich als gleichzeitig leer und voll vorstellen. Es ist das Papier. Die Farbe des Weißraums hängt also vom Farbton des Papiers ab. Die Wahl des Papiers ist ein wichtiger Schritt bei der Entwicklung eines Projekts: Färbung, Grammatur und Oberfläche des Papiers müssen passend zur Botschaft, zum Adressaten und dem Kostenrahmen entsprechend ausgesucht werden. Der Weißraum des Papiers entspricht der Gesamtfläche des Blattes, auf dem man die schwarzen Elemente verteilt. Er ist auch der Raum zwischen den Buchstaben, Worten und Textzeilen.

papier | paper | papier

white is the optical sum of all colors of the prism; black arises from total absorption and from the absence of light. In the written realm, white is the space unwritten, which can be interpreted as empty surface. At the same time, space must be represented mentally, thus white space is both empty and full at the same time. Its origin is in the paper, and the color of the white depends on the color of the paper. The choice of paper is an important step in the development of a project. The choice of the paper's color, its weight, and its texture depends on the message, the audience and the projected cost of the work. The whiteness of the paper is the canvas upon which blacks will be distributed; but it is also the space between the letters, the words, and the lines of text.

Le blanc est la somme optique des couleurs du prisme ; le noir en est l'absorption totale ou l'absence de rayons lumineux. En graphisme, le blanc est l'espace non imprimé, il peut être interprété comme une surface vide ; c'est un espace qu'il faut se représenter mentalement, vide et plein à la fois. C'est le papier. La couleur du blanc dépend donc de la teinte du papier. Le choix du papier constitue une étape importante dans l'élaboration d'un projet. On choisit sa couleur, son grammage, sa texture en fonction du message, du destinataire et du coût de l'ouvrage. Le blanc du papier est l'espace de la page dans son ensemble, où l'on distribue les noirs. C'est aussi l'espace entre les lettres, les mots, les lignes de texte.

weißräume in der typographie – weißräume zwischen zeilen

»in der typographie ist ein weißraum ein raum zwischen gesetzten elementen. durch erweitern der weißräume lockert man die komposition auf. Ästhetisch betrachtet handelt es sich um eine art stille im bild.«
étienne souriau, professor für Ästhetik

"in typography, a white space is an element lying between two composed elements. by enlarging the white spaces, one airifies the composition; creating in the aesthetic dimension a kind of silence in plasticity."
étienne souriau, professor of aesthetics

«en typographie, un blanc est un espace entre les éléments composés; par élargissement des blancs, on aère la composition; il s'agit sur le plan esthétique, d'une sorte de silence plastique.»
étienne souriau, professeur d'esthétique

munken polar 90g

»in der typographie herrschen bestimmte regeln, nach denen mit dem weißraum innerhalb eines textes umzugehen ist. das wechselspiel von schwarz und weiß im satzblock ergibt ein ganzes spektrum unterschiedlicher grautöne. der sogenannte optische grauwert ändert sich je nach der verteilung der weißräume, der wahl der schriftart und der stärke des durchschusses. die arbeit des graphikers besteht darin, die einzelnen maße ins gleichgewicht zu bringen. er unterstützt damit den sinn und die lesbarkeit des werkes. durch variieren der buchstaben-, wort- und zeilenabstände kann er die weißräume verändern oder aber durch die wahl von schrifttype, schriftgrad* und schriftstärke den grauwert beeinflussen.
*seite 97

white spaces in typography – white spaces between lines   Le blanc en typographie – Le blanc entre les lignes

Beim Durchschießen erzeugt man einen Weißraum zwischen den Zeilen eines Textes.
Leading is the addition of white space between the lines of type.
Interligner c'est mettre du blanc entre les lignes de texte.

73

'In typography there are rules governing how white space within the text may be altered. The alternation of white and black within the typographic block produces a nuanced gray, the typographic color. This "color" varies with the structure of the white space, the choice of face and the leading. The task of the graphic artist is to adjust the color values in the service of the text's meaning and the reader's comfort. A typographer can adjust white space by modifying the leading or letterspacing, but he or she can also affect the blacks by the choice of type face, body* and weight.
*page 97

'En typographie, il existe des règles pour intervenir sur les blancs à l'intérieur du texte. L'alternance de blancs et de noirs dans le bloc typographique forme tout un nuancier de gris que l'on appelle couleur typographique. Cette couleur varie en fonction de la structure des espaces blancs, du choix des caractères et de l'interlignage. Le travail de graphiste consiste à équilibrer ces valeurs pour servir le sens de l'ouvrage et le confort de lecture. Il peut régler les blancs en modifiant l'interlignage et l'interlettrage mais aussi agir sur les noirs en choisissant un type de caractère, son corps*, sa graisse.
*page 97

Hier als Beispiel drei Texte, die im selben Schriftgrad, aber mit unterschiedlichem Durchschuss gesetzt sind. Wie man merkt, wird das Lesen erschwert, wenn die Zeilenabstände nicht stimmen, wenn die Zwischenräume zu knapp oder übertrieben groß sind.

An example showing three texts, composed using the same body but with different amounts of leading. It is evident that when the line-spacing is not appropriate, the lack or the excess of space disturbs reading.

Exemple de trois textes composés avec un même corps, mais un interlignage différent. On remarque que lorsque l'interlignage du texte n'est pas approprié, la lecture est perturbée par le manque ou l'excès d'espace entre les lignes.

°Durchschießen bedeutet, dass man die Textzeilen durch Weißraum voneinander trennt, um das Lesen zu erleichtern und dafür zu sorgen, dass das Auge nicht ermüdet. Der Zeilenabstand sollte größer sein als der Abstand zwischen den Worten, damit das Auge von einer Zeile zur nächsten wechseln kann, ohne den Anschluss zu verlieren. Dabei erfordern eine lange Zeile, eine fette Schrift oder ein kleiner Schriftgrad* mit besonders hoher x-Linie* einen stärkeren Durchschuss. Ein mittlerer Durchschuss erzeugt einen Schriftsatz, der eine relativ einheitliche Graufläche bildet, ein breiterer Durchschuss führt dazu, dass sich die Zeilen als einzelne Linien vom weißen Hintergrund abheben. In einem Buch gelten Zeilen mit 45 bis 65 Zeichen als angenehm. Liegt die Zahl darüber, wird die Zeile so lang, dass der Leser den Anfang der nächsten Zeile nicht mehr findet, liegt sie darunter, wird die Zeile zu kurz und das Auge ermüdet durch das unvermeidliche schnelle Hin- und Herspringen.
* Seite 97

ᶠLoosening the leading means adding space between the lines of text to make reading easier, so that the eye is not fatigued. The space between the lines should be larger than the space between words. Its function is to help the eye move from one line to the next without losing its place. Long lines, heavy characters, or a type face with small body* and large x-height* require increased leading. Normal leading creates a typographic block with relatively uniform gray texture. Looser leading creates lines that distinctly separate themselves from the white background. For a book, it is most pleasant to have lines comprising 45 to 65 characters per line; beyond this number the line becomes too long to let the reader easily find the beginning of the next line. On the other hand, a line that is too short tires the eye by forcing frequent movements back and forth.

* page 97

ᶠInterligner, c'est mettre du blanc entre les lignes de texte pour rendre la lecture possible, faire en sorte que l'œil ne se fatigue pas. L'espace entre les lignes doit être supérieur au blanc entre les mots, il permet alors à l'œil de passer d'une ligne à l'autre sans perdre le fil de la lecture. Cependant, une ligne longue, une lettre grasse, un corps* petit et une hauteur d'x* importante demandent une valeur d'interlignage plus importante. Un réglage standard de l'interlignage crée un bloc typographique d'un gris relativement uniforme, un interlignage plus large dessine des lignes qui se détachent nettement du fond blanc. Il est plus agréable pour un livre d'avoir un nombre de signes compris entre 45 et 65 par ligne ; au-delà la ligne est trop longue pour que le lecteur puisse récupérer le début de la ligne suivante ; en deça la ligne est trop courte et fatigue l'œil en le contraignant à des mouvements rapides de va-et-vient.

weißräume in der typographie – weißräume zwischen buchstaben

°Beim Ausgleichen wird ein Weißraum zwischen zwei Buchstaben eines Wortes eingefügt. Ursprünglich waren die Abstände durch das sogenannte Fleisch, den Raum zwischen dem eigentlichen Buchstaben und dem Rand der Bleiletter, vorgegeben. Heutzutage legt der Schriftzeichner am Computer die Abstände so fest, wie sie ihm für seinen Schriftschnitt richtig erscheinen. Die Buchstabenabstände sind also in den Satzprogrammen bereits standardmäßig vorgegeben. Man kann die Abstände der Zeichen variieren, sei es um Dinge hervorzuheben, sei es um unschöne Lücken zu korrigieren. Der optische Grauwert der Fläche verändert sich, je nachdem ob enger oder weiter gesetzt wird.

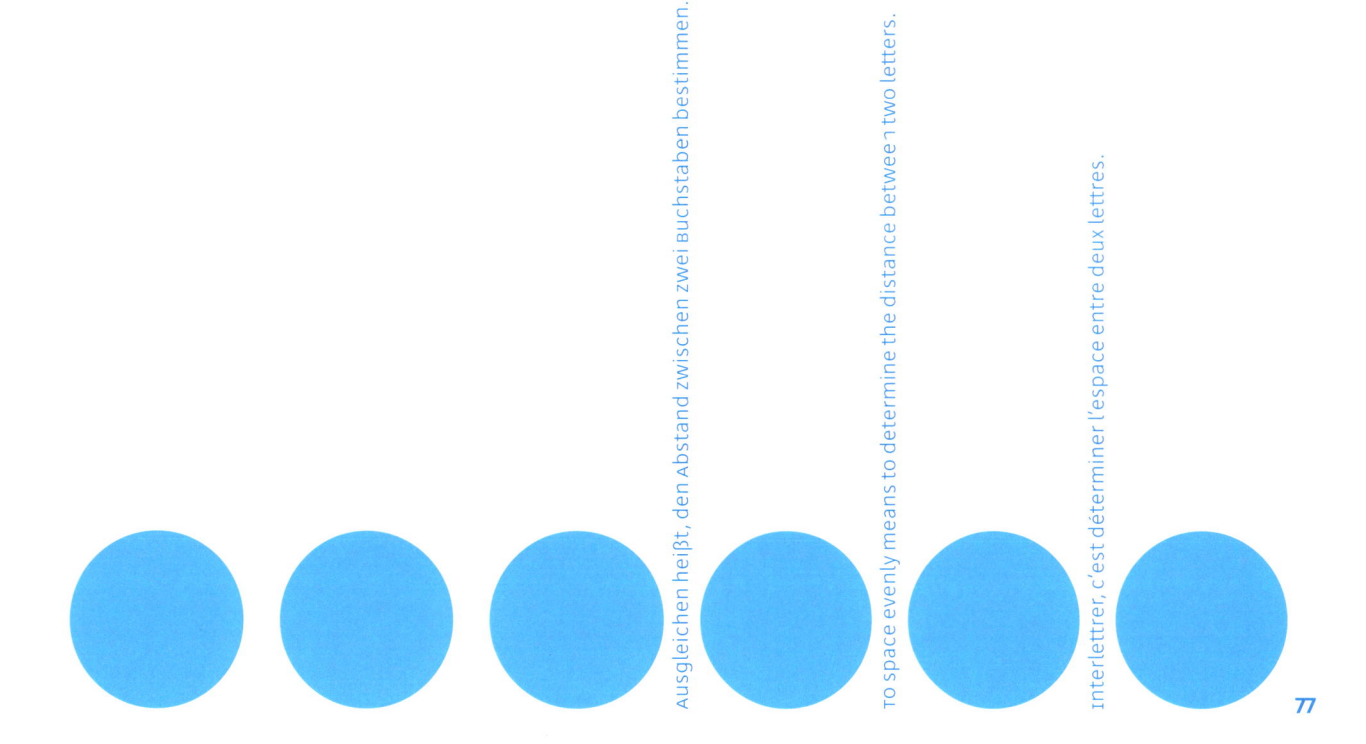

white spaces in typography – white spaces between letters   Le blanc en typographie – Le blanc entre les lettres

Ausgleichen heißt, den Abstand zwischen zwei Buchstaben bestimmen.

To space evenly means to determine the distance between two letters.

Interlettrer, c'est déterminer l'espace entre deux lettres.

Letterspacing is the amount of white space placed between letters within a word. Originally, the minimal letter spacing was a margin set by the character itself and the lead block on which it was fixed. Nowadays the designer of a type face uses the computer to set the spacing in a way that seems best for his or her goals. Letterspacing is thus a default parameter of the composition software. It is possible to experiment with the letterspacing or tracking value, either to obtain contrast effects or to mitigate disagreeable white space. The gray values, or density, vary as the tracking is made tighter or looser.

L'interlettrage c'est le blanc placé entre deux lettres d'un même mot. C'était à l'origine un espace fixe, déterminé par la largeur entre la lettre elle-même et le bord du bloc de plomb. Le dessinateur de caractère détermine aujourd'hui à l'aide d'un ordinateur un espacement qui lui semble idéal pour sa police. L'interlettrage est donc paramétré par défaut dans les logiciels de composition. On peut jouer sur la valeur de l'interlettrage, soit pour obtenir un effet de contraste, soit pour rectifier des blancs disgracieux. Les valeurs de gris obtenues sont plus ou moins denses, selon que l'interlettrage est serré ou large.

ᵒAufgrund ihrer Größe fallen bei Titeln unregelmäßige Buchstabenzwischenräume deutlicher auf. Manchmal scheinen die Buchstaben aneinander zu kleben, während in anderen Fällen regelrechte Löcher klaffen. Dann ist ein Ausgleichen von Fall zu Fall notwendig. Einige Typographen lösen dieses Problem, indem sie spezielle Titelschriften entwerfen. Um die oft winzigen typographischen Abstände richtig zu erkennen, sollte man sie statt auf einer virtuellen auf einer realen Fläche beurteilen; man sollte den Text ausdrucken und sich nicht damit begnügen, ihn unmittelbar am Bildschirm zu bearbeiten.

Titles and headlines, by virtue of their large size, show most distinctly any irregularities in letterspacing. Some letters will appear to touch, while others seem to have holes between them. Adjustment on a case to case basis will thus often be necessary. To address this problem, some typographers devise a special set of rules for setting titles and headlines. To perceive the effects of often nearly imperceptible typographic spacings, it is important to try out various alternatives in the typographic real world, that is to say, to print the text and not rely on images presented on the computer screen.

Par leur grande taille, les titres montrent de manière plus évidente l'irrégularité de l'espacement entre les lettres. Certaines peuvent paraître agglutinées entre elles, tandis que d'autres sont séparées par de véritables trous. Un réglage au cas par cas est alors nécessaire. Pour répondre à ce problème, certains typographes dessinent des polices spéciales pour les titrages. Pour percevoir les espacements typographiques souvent minimes, il est important de les expérimenter sur un espace réel et non virtuel, c'est-à-dire d'imprimer le texte et de ne pas se contenter de le régler d'après son affichage à l'écran.

will man lernen, das Weiß zwischen den unterschiedlich geformten Buchstaben gleichmäßig zu verteilen, kann man zunächst ein Wort ausdrucken, es in seine Buchstaben zerschneiden und von Hand wieder zusammensetzen. Stellt man die Buchstaben auf den Kopf, erscheinen sie einem als abstrakte Formen, sodass man die weißen und schwarzen Anteile besser erkennt.

To learn to distribute whiteness evenly among different letters, one of the first exercises in typography is to set up a word and then to recompose it manually, letter by letter. Reversing the order of the letters lets one see them as abstract forms and to see the spaces and black areas more clearly.

Pour apprendre à répartir le blanc de manière égale entre des lettres de formes différentes, un des premiers exercices consiste à imprimer un mot, à en découper les lettres puis à le recomposer manuellement. Retourner le mot à l'envers permet d'appréhender les lettres comme des formes abstraites et de mieux voir les vides et les pleins.

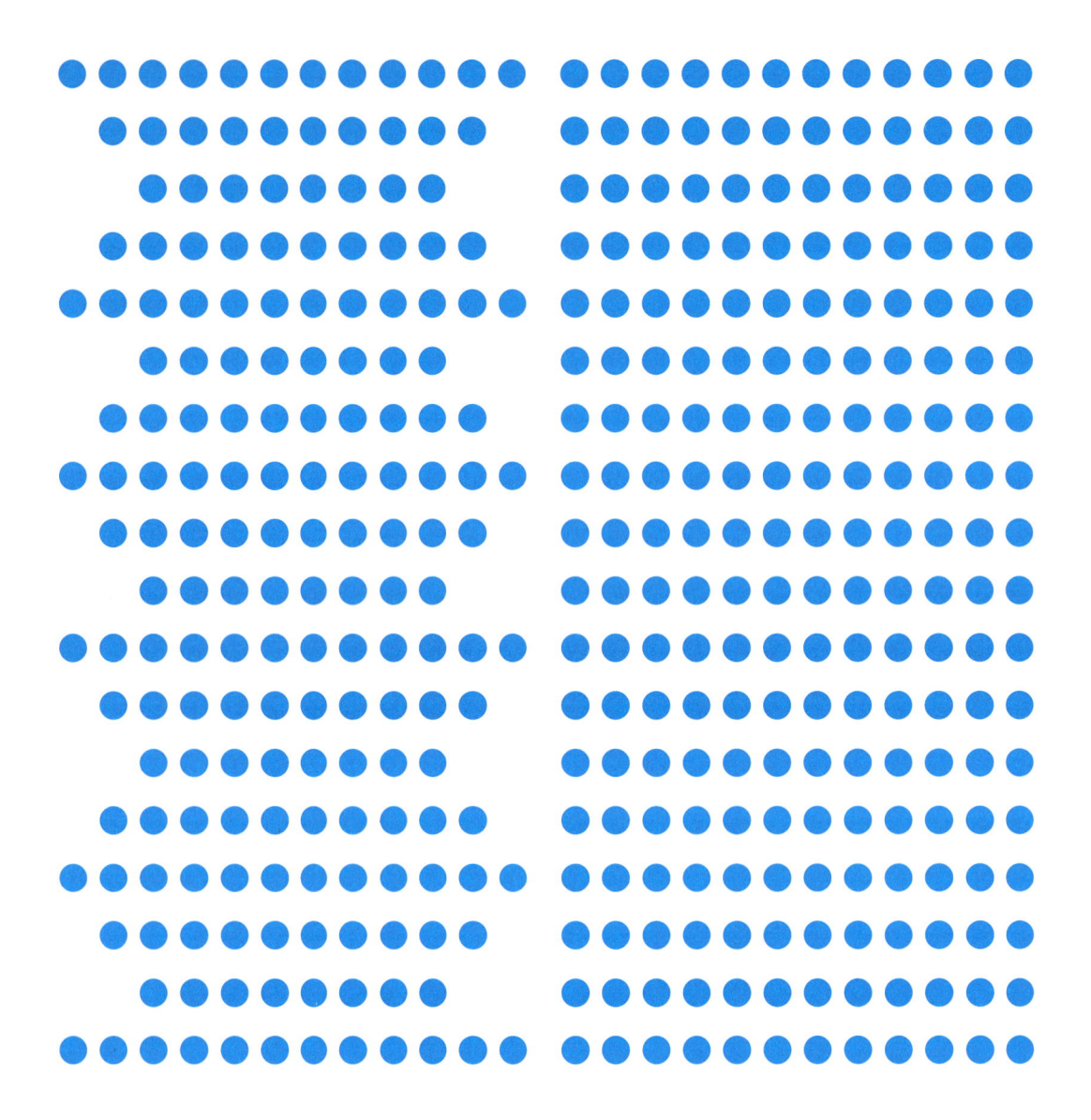

weißräume in der typographie–weißräume zwischen wörtern

die verschiedenen satzarten: zentrierter satz oder mittelachse, blocksatz, flattersatz rechtsbündig und flattersatz linksbündig.

different justification modes of a block of text: centered, justified, ragged right and ragged left.

Les différentes justifications du bloc de texte: centré, justifié en bloc, en fer à droite et en fer à gauche.

»Beim Ausgleichen bestimmt man die Abstände zwischen den Buchstaben, man kann damit aber auch die Länge der Textzeile verändern. Je nachdem welche Ausrichtung man für den Textblock gewählt hat, kann man eine Zeile enger oder weiter setzen und auf diese Weise eine ausgewogene Grauverteilung erreichen. Im 15. Jahrhundert schnitt Gutenberg die Buchstaben unterschiedlich breit, um so eine perfekte Ausgewogenheit seines Satzblockes zu erreichen und Zeilen gleicher Länge zu bekommen. Er imitierte damit die Handschrift mit ihren gleichmäßigen Zeichenabständen.

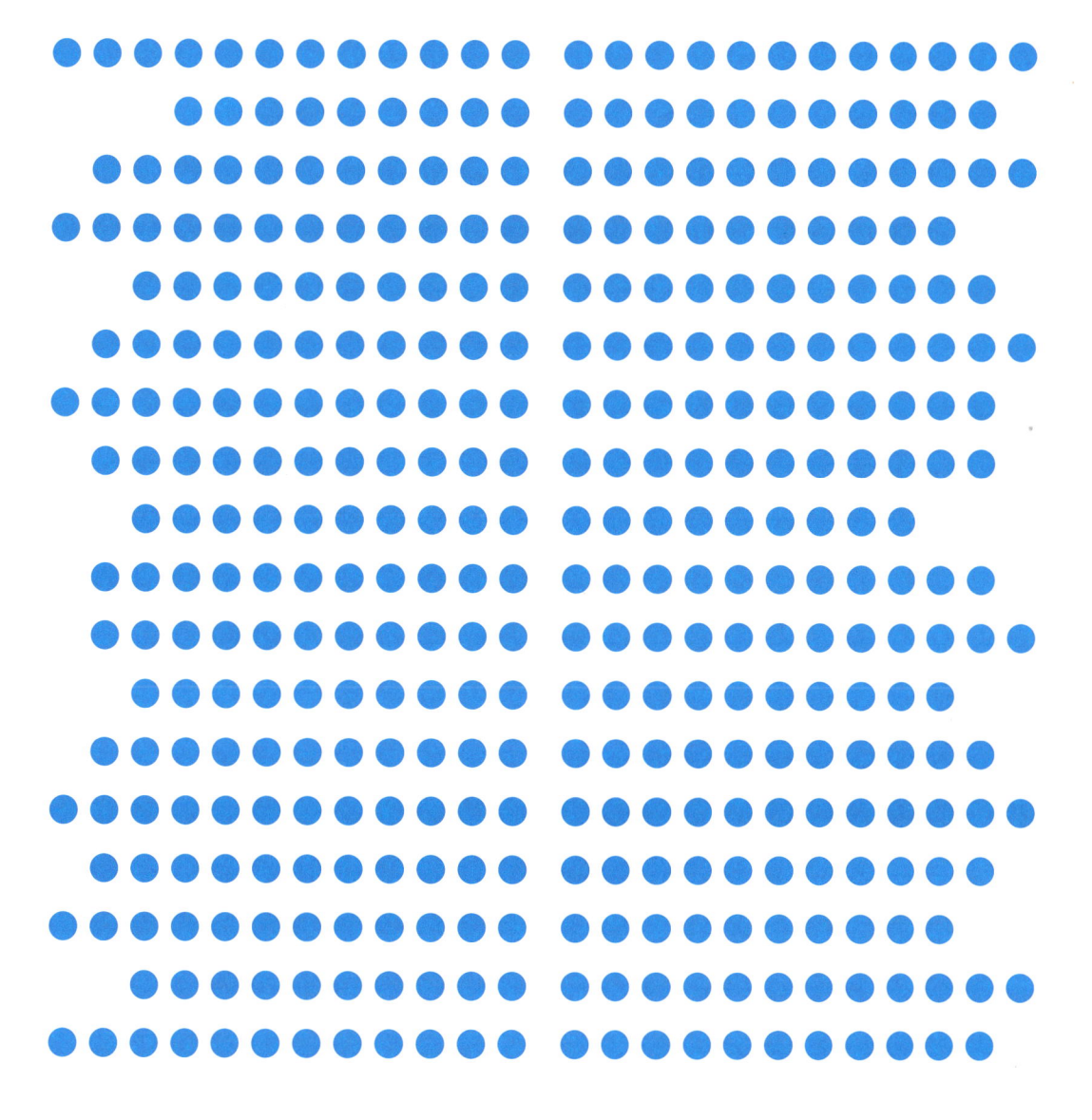

white spaces in typography – white spaces between words   Le blanc en typographie – Le blanc entre les mots

while tracking is meant to adjust the spacing between letters, it also influences the length of the line of text. you can squeeze or stretch a line in accord with the mode of justification chosen for the block in order to obtain an even texture. In the 15th century, Gutenberg designed certain letters in a range of sizes in order to be able to set blocks having lines of perfectly equal length. In this he imitated the practice of scribes, who kept the spacing between words constant.

L'interlettrage règle l'espace entre les lettres, mais il permet aussi de varier la longueur de la ligne de texte. on peut resserrer ou élargir une ligne, suivant la justification que l'on a choisie pour son bloc de texte, afin d'obtenir une répartition équilibrée.
Au 15e siècle, pour obtenir une justification parfaite de son bloc de composition, Gutenberg a dessiné certaines lettres en différentes largeurs pour obtenir des lignes de texte de la même longueur. Il imite en ceci l'écriture manuscrite qui conserve un espacement égal entre les mots.

weißräume in der typographie – unschöne weißräume

»Auf unbeschriebenem Papier, das seine Reinheit sich bewahrt.«
Stéphane Mallarmé, Schrifsteller

"on the empty paper, which whiteness forbids."
stéphane Mallarmé, poet

«sur le vide papier que la blancheur défend.»
stéphane Mallarmé, écrivain

white spaces in typography – infelicitous white space   Le blanc en typographie – Les blancs disgracieux

schaut man sich dieses Beispiel an, so verbindet man unwillkürlich die weißen Lücken zu Linien und Formen. Beim Ausschließen eines Textblockes muss man die Zwischenräume in der Satzfläche so ins Gleichgewicht bringen, dass keine unschönen Lücken oder Risse entstehen, die die Lesbarkeit erschweren.
Looking at this example, one can hardly avoid imagining lines between the dark areas, drawing various forms. In setting the white space values for the text, it is necessary to balance the spaces within the block in such a way as to avoid these tasteless open spaces, or rivers, which annoy and distract the reader.
Quand on regarde cet exemple, on ne peut s'empêcher de tracer des liens entre les points blancs, de dessiner des formes. Quand on paramètre un texte, il faut équilibrer les espaces dans le bloc de façon à ne pas créer des blancs disgracieux, ou lézardes, qui gênent la lecture.

schlussbemerkung

»Die Schönheit einer typographischen Gestaltung beruht im weitesten Sinne auf den Spannungen zwischen den Weiß- und Schwarzanteilen. Mit Weiß und Schwarz meinen wir hier das Verhältnis von bedruckten und unbedruckten Flächen, von Form und Gegenform, Figur und Grund. Wenn mit Farbe gearbeitet wird, kommt zusätzlich zu dieser Problematik von Leere und Fülle noch das komplexe Zusammenspiel der Farbtöne ins Spiel. Typographisches Arbeiten erfordert Zeit, da Einzelheiten nach und nach verfeinert werden müssen; es verlangt einen klaren Blick, damit gewisse Hürden genommen werden können, und den Willen zur Perfektion, will man zu einem harmonischen Ergebnis gelangen. Doch der Aufwand lohnt sich. Eine gelungene Gestaltung schmeichelt dem Auge und ist ein ästhetischer Genuss.

conclusion

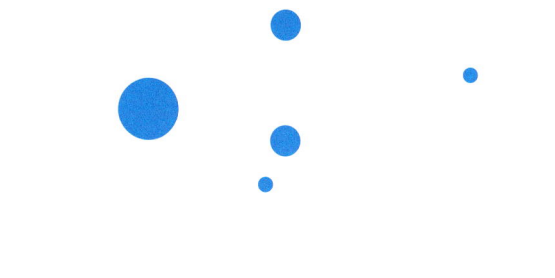

conclusion

ᴱThe beauty of a typographic composition resides in the tension between black and white in a general sense. Black and white are meant here in the sense of a relation between the printed area and the untouched surface, between form and counterform. Thus, the use of color raises the same issues of empty space and full, but with the additional complexity of the relations of colors among one another. Elegance in typographic work requires time, time to readjust, to seek the right setting; it requires rigor to avoid various stumbling blocks, and it requires perfectionism to arrive at harmony. These are not vain demands. Appropriate design and typesetting provide comfort to the eye and aesthetic satisfaction to the reader.

ᶠLa beauté d'une composition typographique réside dans ses tensions entre les blancs et les noirs au sens large. Par blanc et noir, nous entendons ici le rapport entre la surface imprimée et la surface vierge, entre la forme et la contreforme ; l'utilisation de la couleur met donc en jeu la même problématique de vide et de plein mais avec en plus la complexité du mariage des tons entre eux. La finesse du travail typographique demande du temps pour réajuster un à un certains réglages, de la rigueur pour contourner certains écueils et du perfectionnisme pour parvenir à une harmonie. Cette exigence n'est cependant pas vaine. Une mise en forme appropriée apporte un confort à l'œil et une satisfaction esthétique.

drittes kapitel

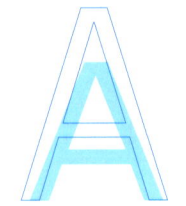

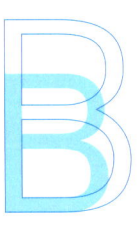

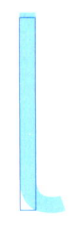

A p B

n

M c f

W l

x

zu den Formen
von der Schrift zur Typographie
Die Entstehung des Alphabets
Der Ursprung unserer Schrift
vom Manuskript zum Buchdruck
Die Druckbuchstaben
Aufbau eines Druckbuchstaben
Klassifikation
Schriftfamilien

chapter three   troisième chapitre

O   a   d

k   R

     z   g

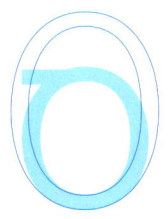

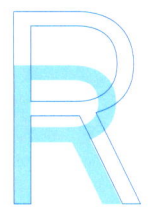

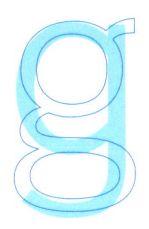

                    87

e   j   Q

on forms
from writing to typography
the development of the alphabet
the origins of our writing system
from manuscript to printing
the printed characters
structure of a printed character
classification
families of type faces

des formes
de l'écriture à la typographie
la naissance de l'alphabet
les origines de notre écriture
du manuscrit à l'imprimerie
les caractères
anatomie d'un caractère
classifications
familles de caractères

zwei sehr ähnliche schriften weisen manchmal erhebliche unterschiede auf. die newut classic (in blau), die wir in diesem buch verwenden, geht auf amerikanische groteskschriften wie die trade gothic (als kontur sichtbar) zurück, aber ihre großbuchstaben (majuskeln | versalien) haben die größe der kleinbuchstaben (minuskeln).

two nearly identical type faces sometimes reveal significant differences when enlarged. newut classic (blue), which we have used in this book, was inspired by american grotesques like trade gothic (outline), but its upper case (majuscule) is drawn in the same size as its lower case (minuscule).

deux caractères très similaires révèlent parfois des différences importantes. le caractère newut (bleu) que nous avons utilisé dans ce livre est inspiré des caractères grotesques américains comme le trade gothic (contour) mais ses capitales sont dessinées à la hauteur des minuscules.

von der schrift zur typographie – die entstehung des alphabets

detail
ein detail ist immer teil eines ganzen. […]
ein detail kann aufgrund seiner geringen
größe unbedeutend sein innerhalb eines
ganzen, in dem es sich verliert; […] aber
eine veränderung des maßstabs kann
den blick darauf verändern. […] dinge von
großer bedeutung werden oft bis ins kleins-
te definiert und entsprechend detailliert
behandelt, weil sie eben keine details sind.
étienne souriau, a.a.o.

detail
A detail is always a part of a whole. […]
owing to its size, a small detail can be
insignificant in the whole in which it gets
lost; […] but changing the scale of
representation can modify this relation.
[…] An important feature is often
executed with care down into the finest
particulars and is thus executed in detail
precisely because it is not a detail.
étienne souriau, op.cit.

détail
un détail est toujours un élément d'un
ensemble. […] un détail peut, à cause
de sa taille réduite, n'être guère important
dans un ensemble où il se trouve perdu;
[…] mais un changement d'échelle dans
l'attention peut modifier le rapport. […]
ce qui a beaucoup d'importance est
souvent précisé jusque dans ses parties
les plus fines, et donc traité en détail
parce que ce n'est pas un détail.
étienne souriau, op.cit.

»ab dem moment, in dem der mensch in der lage war,
mit hilfe von zeichen oder symbolen bedeutungen
festzuhalten und auszudrücken, schuf er ein system,
das man schrift nennt. das alphabet könnte man
als ein begrenztes zeichensystem definieren, das
die sprachlichen grundlaute darstellt. nicht jede
schrift beruht auf einem alphabet. tatsächlich gibt
es viele schriften, die aus einer vielzahl von zeichen
bestehen und dennoch kein alphabet benutzen
(die sumerische keilschrift, die ägyptischen
hieroglyphen, die chinesischen ideogramme…).

From writing to typography – The development of the alphabet   De l'écriture à la typographie – La naissance de l'alphabet

»Es ist immer wieder erstaunlich, dass die Kombination von etwa dreißig Schriftzeichen nach letztlich sehr simplen Regeln täglich diese Tausenden von Botschaften hervorzubringen vermag.«
Georges Perec, Schriftsteller

"How surprising it is that the combination of perhaps thirty typographic signs according to fairly simple rules is able to create, every day, these thousands of messages."
Georges Perec, writer

« Tu peux encore t'étonner que la combinaison, selon des règles finalement très simples, d'une trentaine de signes typographiques soit capable de créer, chaque jour, ces milliers de messages. »
Georges Perec, écrivain

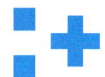

89

E The point in time when people were first able to represent their thoughts in signs or letters, marks the beginning of what we call writing systems. An alphabet can be defined as a system restricted to representing elementary sounds of a language. Not all writing systems are alphabetic. Indeed, many systems are composed of symbols that are not alphabetic (cuneiform writing, Sumerian, Egyptian hieroglyphs, Chinese ideograms…).

F À partir du moment où l'homme sait représenter et fixer par des signes ou des symboles ce qu'il veut exprimer, il met en place un système que l'on nomme écriture. L'alphabet peut être défini comme un système restreint de signes exprimant les sons élémentaires du langage. Toute écriture n'est pas alphabétique. Il existe en effet de nombreuses écritures constituées d'une multitude de signes qui n'utilisent pas pour autant un alphabet (l'écriture cunéiforme sumérienne, les hiéroglyphes égyptiens, les idéogrammes chinois…).

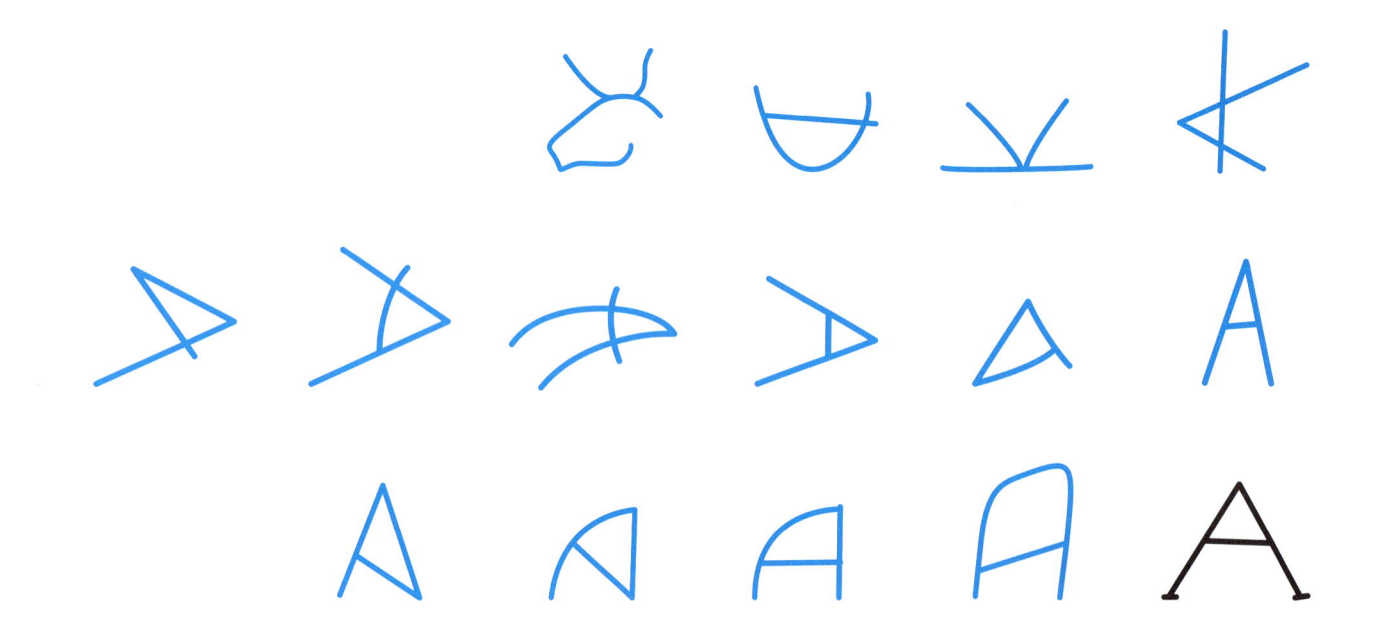

von der schrift zur typographie – der ursprung unserer schrift

schematische entwicklung des buchstabens A
schematic evolution of the letter A
évolution schématique de la lettre A

marc-alain ouaknin, les mystères de l'alphabet

unsere heutige westliche typographie geht vermutlich auf eine ca. 3500 jahre vor unserer zeit in mesopotamien, im südlichen irak, entstandene schrift zurück. von bildhaften darstellungen gelangten die völker des mittleren orients nach und nach zu abstrakten zeichen, elementen einer sehr vereinfachten schrift. sie waren vermutlich die ersten, die ein alphabet aus 22 buchstaben aufstellten. dieses eigneten sich später die griechen an, um es ihrerseits bei den etruskern und römern einzuführen. sowohl in technischer als auch in ästhetischer hinsicht ist jede schrift ein ausdruck ihrer zeit. untergrund und werkzeug bestimmen unmittelbar die form der schrift. die art des schreibgrunds wirkt sich auf den gebrauch des werkzeugs aus, und das werkzeug bringt, je nach seinem benutzungswinkel, unterschiedliche buchstabenformen hervor. neben diesen technischen größen wirkt auch die jeder epoche eigene ästhetische vorliebe auf die entwicklung der schrift ein.

from writing to typography – The origins of our writing system De l'écriture á la typographie – Les origines de notre écriture

Protosinaitisches Alphabet
Das A, der erste Buchstabe des Alphabets, geht zurück auf den ersten Buchstaben des protosinaitischen Alphabets, das Aleph, das in den semitischen Sprachen Stier bedeutet. Aus der Zeichnung des Stierkopfes wurde rasch eine einfache graphische Form.

The proto-sinaitic alphabet
A, the first letter in our alphabet, derives from the first letter, aleph, in the proto-sinaitic alphabet. In semitic languages the aleph signifies the bull, whose head was quickly simplified and became a graphic shape, a "glyphe".

Alphabet protosinaïtique
La lettre A, première lettre de l'alphabet, dérive de la première lettre de l'alphabet proto-sinaïtique: l'aleph, qui signifie dans les langues sémitiques le taureau. Très vite, le dessin de la tête se simplifie et devient une forme graphique.

Frühe griechische Schriften
In dem zum Alpha gewordene Aleph sind immer noch die Linien des Kopfs und der beiden Hörner zu erkennen. Seine Bedeutung hat sich jedoch verändert.

First Greek writings
The aleph, turned into an alpha, continues to resemble a head carrying two horns, but its signification has changed.

Premières écritures grecques
L'aleph devenu alpha se présente toujours avec le trait représentant la tête, et les deux cornes. Mais on remarque que l'alpha a changé de sens.

Etruskische Schrift
Sie hat starke Ähnlichkeit mit der griechischen Schrift.

Etruscan writing
It remains very close to the Greek system.

Écriture étrusque
Elle est très proche de l'écriture grecque.

Lateinisches und europäisches Alphabet

The Latin and European alphabets

Alphabet latin et européen

91

ᴱThe western typography we know today finds its origins in Mesopotamia, in the south of Iraq, around 3500 B.C. First using drawings as signs, the people of the Middle East slowly abstracted these signs to a greatly simplified form of writing. They were the first to have invented an alphabet of 22 letters, which was taken over by the Greeks and passed on to the Etruscans and Romans. The technology and aesthetics of each era are reflected in its writing. The writing surface and implement directly influence the forms letters take. The nature of the surface influences how the implement is used, and the implement produces differing forms, depending on how it can be held. Going beyond these technological factors, aesthetic fashions of each era come into play in the evolution of writing.

ᶠLa typographie occidentale telle que nous la connaissons aujourd'hui, trouverait son origine dans l'écriture née en Mésopotamie, au sud de l'Irak, vers 3500 avant notre ère. De dessins représentatifs, les peuples du Moyen-Orient sont petit à petit arrivés à des signes abstraits formant une écriture très simplifiée. Ils seraient les premiers à avoir organisé un alphabet de 22 lettres que la Grèce s'est réapproprié et a ensuite exporté auprès des Étrusques et des Romains. Pour des raisons techniques et esthétiques, chaque écriture est le reflet de son époque. Le support et l'outil conditionnent directement la forme de l'écriture. La nature du support influence l'utilisation de l'outil, et l'outil, selon son angle d'utilisation, produit des formes de lettres différentes. Au-delà de ces paramètres techniques, un courant esthétique propre à chaque époque entre en jeu dans le développement de l'écriture.

von der schrift zur typographie – vom manuskript zum buchdruck

die carolina-schrift, in einem
evangelium aus dem 6. jahrhundert,
italien (mailand, biblioteca ambrosiana)

carolingian minuscule,
in the gospel of the 6th century,
italy (milan, biblioteca ambrosiana)

le caractère caroline,
page d'un évangile du 6ᵉ siècle,
italie (milan, biblioteca ambrosiana)

seit der römerzeit hat sich die schrift vielseitig weiterentwickelt. um ordnung in die große menge der um das jahr 790 verwendeten schriften zu bringen und sein reich zu einen, erteilte karl der große einem mönch den auftrag, für das lateinische – das zur offiziellen reichssprache geworden war – eine einheitsschrift festzulegen. die karolingische minuskel oder carolina, die den damals im reich gebräuchlichen schriften nachempfunden war, wurde eingeführt. sie ist der vorfahre unserer heutigen kleinbuchstaben. eine zeit lang verdrängten die gotischen schriften die carolina in nord- und mitteleuropa. mit der erfindung des buchdrucks um 1440 durch den deutschen typographen johannes gutenberg fand der übergang von der gotischen handschrift zu den gotischen drucklettern statt. das neue, revolutionäre system ermöglichte eine schnellere buchherstellung, eine senkung der herstellungskosten und damit eine größere verbreitung von schrift. gutenberg schuf das erste große druckwerk: die 42-zeilige bibel in gotischer schrift.

From writing to typography–From manuscript to printing De l'écriture à la typographie–Du manuscrit à l'imprimerie

Beispiel aus der 40-zeiligen Gutenberg-Bibel (Manchester, John Rylands University Library)

Example of a 40-line Bible of Gutenberg (Manchester, John Rylands University Library)

Exemple de la Bible à 40 lignes de Gutenberg (Manchester, John Rylands University Library)

93

After the Roman era, writing evolved in different directions. To bring order back into the various writing systems used around 790 A.D. and to unify his empire, Charlemagne requested a monk to choose a single form of writing for Latin, which became the official language of the realm. The Carolingian script was modeled on writing used at the time; it is the ancestor of our modern minuscules. However, for a time the Gothic scripts surpassed Carolingian script in northern and central Europe. With the invention of printing around 1440 by the printer and typographer Johannes Gutenberg, Gothic script evolved into Gothic typography. This revolutionary system allowed faster production of books at lower cost, and thus led to their wider distribution. Gutenberg created the first great work of typography, the Gutenberg 42-Line Bible, in Gothic script.

Depuis l'époque romaine, l'écriture a évolué et s'est diversifiée. Vers l'an 790, pour mettre de l'ordre dans les nombreuses écritures utilisées et unifier son empire, Charlemagne demande à un moine de déterminer pour le latin, qui est devenu langue officielle, une écriture unique. L'écriture carolingienne ou caroline, est mise en place, dessinée sur le modèle des écritures utilisées à l'époque dans le royaume. Elle est l'ancêtre de nos minuscules actuelles. Les écritures gothiques surpassent pour un temps la caroline dans l'Europe du Nord et l'Europe centrale. Avec l'invention de l'imprimerie vers 1440 par l'imprimeur et typographe allemand Johannes Gutenberg, on passe de l'écriture gothique à la typographie gothique. Ce système révolutionnaire permet une fabrication plus rapide des livres, un coût de production plus faible et donc une plus grande diffusion. Gutenberg réalise la première grande œuvre typographique: la Bible à 42 lignes, d'écriture gothique.

°Dennoch bleibt die Vaterschaft des Buchdrucks umstritten. Verschiedene Zeitgenossen Gutenbergs erhoben Anspruch auf die Erfindung, zudem waren in Korea und China bereits seit dem 10. Jahrhundert bewegliche Lettern aus Kupfer und Holz in Gebrauch. Da die Buchdrucker des 15. Jahrhunderts die Qualität kalligraphischer Werke zu erreichen suchten, waren die Drucklettern zunächst eine Art Weiterentwicklung der Handschrift. Doch die Typographie gelangte schnell zu eigenen Formen, die sie von der Kurvenschrift wegführten. Ein neuer Beruf entstand: der des Schriftschneiders und Schriftgießers. Der Typograph wurde zum Schriftzeichner, er schuf seine eigenen Formen, denen er seinen Erfindungsreichtum und den Geist seiner Zeit einhauchte. Dieser Umstand hat die Verbreitung von Geschriebenem und auch die Formen der Druckschrift revolutioniert.

Überall in Europa entstanden Buchdruckwerkstätten, wobei Italien zum führenden Land der Typographie wurde. Gleichzeitig emanzipierte sich das Buch mit der Vielfalt seiner Themen, seiner weiten Verbreitung und seiner gemischten Leserschaft vom Manuskript. In Italien bezogen sich die Drucker wieder auf die von der Carolina abgeleiteten Handschriften, die man als humanistische Schriften bezeichnet. 1501 erfand Aldus Manutius die der kalligraphischen Schrift angenäherte Kursivschrift. Schriftgießer und Drucker wandten diese neue Schriftlage auch auf ihre geraden Antiqua-Schriften an. Heute sind die meisten Bleischriften digital nachgezeichnet. Neue Schriften werden unmittelbar am Rechner entworfen.

ᴇNevertheless, the actual paternity of the invention of printing is still contested. various contemporaries of Gutenberg claimed the invention for themselves, and movable type made of leather and wood was already in use in Korea and in China in the 10th century. In the 15th century, printing tried to compete with the quality of the works of the calligraphers, and printers' characters remained simply a variant of manual script. However, typography rapidly developed forms of its own that distanced themselves from calligraphy, giving birth to a new profession: the typographic engraver. The typographer became a designer of alphabets; he constructed his own forms and infused them with his own creative ideas as well as the spirit of his time. This development revolutionized the spread of written material as well as the forms in which it was represented.

Throughout Europe typographic ateliers came into being, most notably in Italy. In the same era, book-printing freed itself from the manuscript tradition, offering a large variety of subjects to a diverse and expanding reading public. In Italy, printers re-issued Carolingian manuscripts from the humanist literature. In 1501 Aldus Manutius invented an "italic" alphabet similar to calligraphic writing. Engravers and printers joined this new form to their Roman alphabets. In our time the characters molded in lead have given way to digitalized versions, and new fonts are created directly on the computer.

ꜰLa paternité de cette invention reste néanmoins contestable. Différents contemporains de Gutenberg en revendiquent la création et déjà au 10ᵉ siècle on utilisait, en Corée et en Chine, des caractères mobiles de cuivre et de bois. Au 15ᵉ siècle, l'imprimerie tente de rivaliser avec la qualité des ouvrages calligraphiés ; les caractères typographiques restent un prolongement de l'écriture manuelle. Rapidement cependant, la typographie développe ses propres formes qui s'éloignent de l'écriture cursive et consacrent la naissance d'un nouveau métier : celui de graveur fondeur typographe. Le typographe devient un dessinateur de caractère, il construit ses formes et y insuffle sa propre créativité ainsi que l'esprit de son époque. Ce procédé a révolutionné la diffusion des écrits et les formes mêmes de la typographie.

Dans toute l'Europe des ateliers typographiques se créent, l'Italie est alors la terre d'élection de la typographie. À la même époque, le livre s'émancipe du manuscrit par la variété des sujets, une large diffusion et un lectorat divers. Les imprimeurs réutilisent, en Italie, des écritures manuscrites issues de la Caroline, elles sont appelées écritures humanistiques. En 1501 Alde Manuce invente l'italique qui est proche de l'écriture calligraphique. Les graveurs et imprimeurs associent cette nouvelle forme à leurs caractères romains. Aujourd'hui, les caractères en plomb ont été redessinés et numérisés pour la plupart. Quant aux nouveaux caractères, ils sont créés directement de manière numérique.

die druckbuchstaben – Aufbau eines druckbuchstaben

Zefya

die Grundlinie | Baseline | Ligne de pied
Die Grundlinie (Schriftlinie) ist die unsichtbare Linie, auf der die Buchstaben stehen | The invisible line that the characters seem to rest on. | C'est une ligne invisible sur laquelle les lettres sont posées.

die Serifen | Serif | Empattement
Sie sind die Füßchen des Buchstabens. Eine Schrift ohne Endstriche nennt man auch serifenlos. | Serifs appear at the extremities of letters. A type face without these decorations is called a sans serif | L'empattement (ou sérif) est la terminaison de la lettre. Une lettre sans empattements se nomme aussi sans sérifs.

die Oberlänge | Ascender | Ascendante
Vertikaler, oberhalb der x-Linie befindlicher Teil eines Kleinbuchstabens. | Part of a lower-case letter that "ascends" above the height of an x. | C'est la partie verticale d'une minuscule située au-dessus de la hauteur d'x.

die Unterlänge | Descender | Descendante
Vertikaler, unterhalb der Grundlinie befindlicher Teil eines Kleinbuchstabens. | Part of a lower-case letter that "descends" below the baseline. | C'est la partie verticale d'une minuscule située en dessous de la ligne de pied.

die Punze | Counters | Contreforme
Sie ist die Binnenform eines Buchstabens. Im weiteren Sinne bezeichnet sie die Negativform des Buchstabens. | These are empty spaces enclosed by the letter. In a larger sense, a counter is the negative image of the letter. | C'est l'espace intérieur d'une lettre. Au sens plus large il s'agit du négatif de la forme de la lettre.

der Grundstrich | Heavy elements | Plein
Der Grundstrich (Abstrich) ist der breiteste Teil des Buchstabens. Ursprünglich hing die unterschiedliche Strichbreite mit dem Winkel der in der Kalligraphie verwendeten Breitbandfeder zusammen. | The thicker parts of the letter. The variation in line thickness owes something to the angle of the quill used in calligraphy. | C'est la partie la plus épaisse de la lettre. À l'origine, cette variation d'épaisseur est liée à l'angle de la plume utilisée en calligraphie.

der Haarstrich | Light elements | Délié
Im Gegensatz zum Grundstrich ist der Haarstrich (Aufstrich) der schmalste Teil des Buchstabens. | In opposition to the heavy parts, the thinner lines in the letter. | Par opposition au plein, c'est la partie la plus fine de la lettre.

the printed characters – structure of a printed character   Les caractères – Anatomie d'un caractère

x dpni

Grundlinie | Baseline | Ligne de pied

Der schriftgrad | Body | corps
Er bezeichnet die Größe der schrift und wird in Punkten gemessen. Der schriftgrad entspricht der Gesamthöhe des Buchstabens einschließlich seiner ober- und unterlängen nebst einem kleinen Bereich oben und unten, der ursprünglich dem Rand oder Fleisch der Bleiletter entsprach. | The size of the letter, measured in points. The body corresponds to the height of a box enclosing the whole letter (type size), including ascenders and descenders, plus additional space, originally part of the lead type, to give the body size. | c'est la taille de la lettre. Elle est mesurée en point. Le corps correspond à la hauteur maximale de la lettre, montante et descendante comprises, plus un petit espace en haut et en bas qui correspondait aux bords du caractère de plomb.

Die x-Linie | x-height | Hauteur d'x
Sie bezeichnet die Höhe eines Kleinbuchstabens (Minuskel) ohne seine ober- und unterlänge. Der Abstand zwischen Grundlinie und x-Linie wird auch als Mittellänge bezeichnet. | This designates the height of a lower-case letter, without ascenders or descenders. Also called mean height. | c'est la hauteur d'une lettre minuscule, sans ascendante ni descendante. On l'appelle aussi hauteur moyenne.

Die Laufweite | Letterspacing | Interlettrage
Abstand zwischen zwei Buchstaben eines wortes. Zur Zeit des Bleidrucks war dies ein fester wert, bestimmt durch den Abstand zwischen dem eigentlichen Buchstaben und dem Rand der Bleiletter. Bei den heutigen Layoutprogrammen ist dieser Abstand veränderlich. | The space between two letters within a word. In lead-based typography this was limited by the distance between the edges of the letter and the type that supported it. Today, in software-based typography, it can be varied freely. | c'est l'espace entre deux lettres d'un mot. À l'époque de la typographie au plomb c'était une valeur fixe définie par la distance entre le dessin de la lettre et le bord du plomb. Aujourd'hui, avec les logiciels de composition typographique, on peut la faire varier.

Die Buchstabenbreite | Body width | Encombrement
Sie ist der Raum, den ein Buchstabe in seiner Breite einnimmt. | The width of the character. | c'est l'espace qu'occupe la lettre dans sa largeur.

venezianische Renaissance-
Antiqua (Adobe Jenson)
Humanistics (Adobe Jenson)
Humanes (Adobe Jenson)

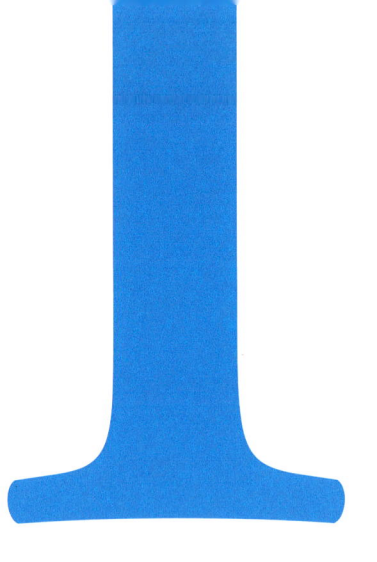

Französische Renaissance-
Antiqua (Adobe Garamond)
Garaldics (Adobe Garamond)
Garaldes (Adobe Garamond)

Barock-Antiqua
(ITC New Baskerville)
Transitionals (ITC New Baskerville)
Réales (ITC New Baskerville)

°Die Wahl einer Schrift ist ein entscheidender Schritt bei der graphischen Arbeit. Zwei Faktoren sind dabei maßgeblich: der Zweck des Projekts (Verwendung, Adressat, Zusammenhang) und der Inhalt der Botschaft. Klassifikationen erlauben es einem, sich in der Vielfalt existierender Schriften zurechtzufinden, welche sie nach ihrem historischen Ursprung und nach formalen Kriterien zu Schriftklassen zusammen-fassen. Entscheidende Zuordnungskriterien sind die Form der Serifen und der Strichstärkenkontrast.

Einteilung der Schriften nach der
Form der Serifen
(nach der Vox-Atypi-Klassifikation)

classification of families of faces
according to the shape of the serifs
(following the classification Vox-Atypi)

Différenciation des familles de caractères
selon la forme des empattements
(classification Vox-Atypi)

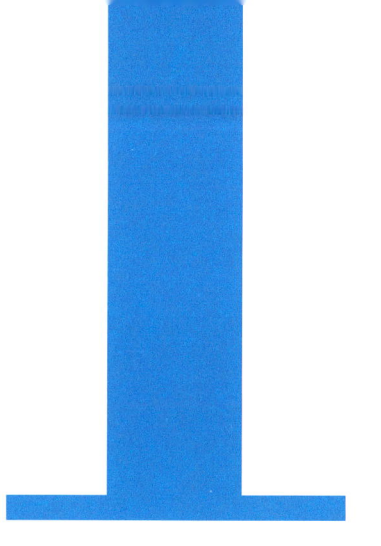

klassizistische Antiqua
(Berthold Bodoni)
Didonics (Berthold Bodoni)
Didones (Berthold Bodoni)

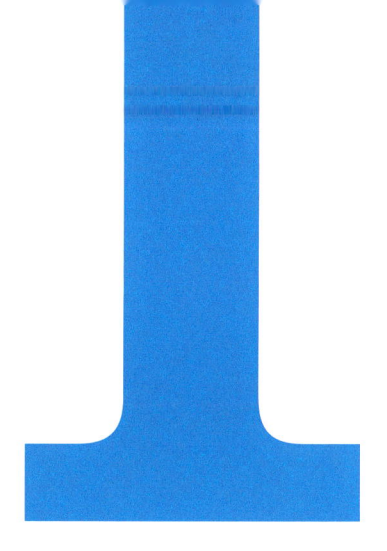

Serifenbetonte Linear-
Antiqua (Clarendon)
slab serifs (Clarendon)
Mécanes (Clarendon)

Serifenlose Linear-Antiqua
(Berthold Akzidenz Grotesk)
Linéals (Berthold Akzidenz Grotesk)
Linéales (Berthold Akzidenz Grotesk)

1921 nahm erstmals der französische Typograph Francis Thibaudeau eine Einteilung vor, in der er vier große Schriftklassen unterschied: die Elzeviers, die Didots, die Antiquas und die Égyptiennes. Seitdem sind weitere Ordnungssysteme entstanden. Die französische Klassifikation Vox-ATypI, die 1954 von Maximilien Vox geschaffen wurde, erweiterte das Thibaudeau'sche System. Seine chronologische Einteilung dient auch heute noch als Referenz (und wir verwenden sie auch in diesem Buch).

In 1921 the French typographer Francis Thibaudeau defined a classification that distinguished four large families of faces: the Elzevirs, the Didots, the Antiques and the Egyptians. Since Thibaudeau, other classifications have been proposed. The scheme Vox-ATypI, created by Maximilien Vox in 1954, expands the scheme of Thibaudeau. This chronological scheme remains a point of reference (and it is the one we have used in this book).

En 1921, le typographe français Francis Thibaudeau établit une première classification qui distingue quatre grandes familles de caractères: les Elzévirs, les Didots, les Antiques et les Égyptiennes. D'autres classifications ont vu le jour depuis. La classification Vox-ATypI, créée par Maximilien Vox en 1954 complète celle de Thibaudeau. Cette classification chronologique sert aujourd'hui encore de référence (nous l'utilisons dans ce livre).

ᴱThe choice of a face is a decisive step in a graphic arts project. It depends on two factors: the project's purpose (its use, its audience, its context) and the nature of its message. Systems of classification provide orientation in the vast universe of type faces, grouping them according to historical origins and characteristic forms. The shapes of serifs and the relationship between heavy and light elements are determining characteristics.

ᶠLe choix d'un caractère est une étape décisive dans un travail graphique. Il dépend de deux facteurs: la finalité du projet (l'utilisation, le public, le contexte) et la nature du message délivré. Les classifications permettent de s'orienter parmi une multitude de caractères existants, elles regroupent les caractères en différentes familles selon leurs origines historiques et leurs caractéristiques formelles. La forme des empattements et le rapport entre pleins et déliés est un critère déterminant de classement.

die Druckbuchstaben-Klassifikation

	venezianische Renaissance-Antiqua (Humanes)	Französische Renaissance-Antiqua (Garaldes)	Barock-Antiqua (Réales)
Entstehungszeit	Mitte des 15. Jahrhunderts	16. und 17. Jahrhundert	18. Jahrhundert
Historischer Ursprung und Herkunft des Namens	Der französische Name »Humanes« leitet sich her vom Humanismus, einer philosophischen Strömung des 15. Jahrhunderts. Die »Humanes« sind angelehnt an die karolingische Schrift, die ihrerseits kalligraphische Wurzeln hat.	Der französische Name »Garaldes« setzt sich zusammen aus Namensteilen der Drucker Claude Garamond und Aldus Manutius und bezeichnet Schriften, die zur Zeit der italienischen und französischen Renaissance entstanden sind.	Der französische Name »Réales« geht zurück auf das Wort Realität. Die »Réales« entstanden zur Zeit der Aufklärung, sie entfernen sich bereits stärker von den kalligraphischen Vorbildern.
Strichstärkenkontrast	Nur geringer Kontrast zwischen Grund- und Haarstrichen, Schriftachse geneigt (kalligraphischer Ursprung)	Stärkerer Kontrast zwischen Grund- und Haarstrichen	Stärker betonter Kontrast zwischen Grund- und Haarstichen
Optische Achse	Schräger Innenbalken des »e«	Innenbalken des »e« waagerecht	Nahe zu senkrechte Achse, im Gegensatz zu den »Humanes« und »Garaldes«
Serifen	Oft stark betonte Serifen	Feine Serifenform	Flache Serifen (die der »Humanes« und »Garaldes« sind noch leicht gewölbt)
Besonderes Merkmal	Die ersten von Druckern hergestellten typographischen Schriftzeichen.	Wie die »Humanes« lassen die »Garaldes« einen kalligraphischen Ursprung erkennen.	Die Réales sind schmuckloser als die »Humanes« und »Garaldes«.

the printed characters – classification   Les caractères – classification

klassizistische Antiqua (Didones)	serifenbetonte Liner-Antiqua (Mécanes)	serifenlose Linear-Antiqua (Linéales)	**101**
Ende des 18. Jahrhunderts	Ende des 19. Jahrhunderts	Erste Hälfte des 20. Jahrhunderts	seit den siebzigerjahren
Der französische Name »Didones« entstand aus der Zusammenziehung der Namen der Typographen Firmin Didot und Giambattista Bodoni (die Didot und die Bodoni sind die wichtigsten Schriften dieser Schriftklasse).	Der französische Name »Mécanes« leitet sich ab von dem Wort Mechanik. Er bezieht sich auf das industrielle Zeitalter zu Beginn des 19. Jahrhunderts und auf das moderne, teilweise geometrische Bild dieser Schriften.	Der französische Name »Linéales« kommt von dem Wort linear und bezieht sich auf die Form des Buchstabens. Die »Linéales« orientieren sich an den »Didones« und »Mécanes«.	Die Einführung des Computers in den siebzigerjahren brachte den Typographen große Freiheiten. Es entstand eine Fülle neuer Schriften. Viele davon waren nicht für den Mengensatz, sondern als Titel- und Auszeichnungsschriften gedacht, also nur mit wenigen Einschränkungen verbunden. Ihr einziges Kriterium war die Lesbarkeit.
stark ausgeprägte Unterschiede zwischen Grund- und Haarstrichen	gleichmäßige Strichstärke	kein oder nur geringer Unterschied in der Strichstärke	
Schriftachse vertikal	keine	vertikale Achse	
feine, flache Serifen	starke, kantige Serifen	keine	
Das zu dieser Zeit für den Schnitt der Lettern benutzte Kupfer begünstigte die Entstehung feinerer Formen.	Die Mécanes verdanken sich der Erfindung der Lithographie, die die Typographie von den technischen Einschränkungen des Bleisatzes befreit hat.	Man nennt sie allgemein »serifenlose« oder »Groteskschriften«.	

	Humanistics	Garaldics	Transitionals (Réales)
time of origin	middle of the 15th century	16th and 17th centuries	18th century
historical origin and origin of the name	name comes from Humanism, a literary and philosophical current of the 15th century; Humanist faces were inspired by Carolingian script, itself based on calligraphy	based on faces created in the Renaissance by the printers Claude Garamond and Aldus Manutius, this family is named for both by combining their names	the French designation "Réales" comes from Latin realitas. These faces arose in the Enlightenment; they show fewer traces of calligraphic writing
heavy and light elements	little contrast between heavy and light elements, the axis of the letters is oblique (as in calligraphy)	contrasts between heavy and light are more marked	contrasts between heavy and light elements more pronounced
axis	the cross-member of the "e" is oblique	the cross-element of the "e" is horizontal	unlike the Humanistics and Garaldics, the axis is nearly vertical
serifs	serifs often thick	fine serifs	serifs are straight (those of the Humanistics and Garaldics retain a slight curvature)
characteristics	1st typographic characters cut by printers	like the Humanistics, the Garaldics still show their calligraphic origins	the Transitionals are more sober than the Humanistics and Garaldics

	Humanes	Garaldes	Réales
époque	milieu du 15e siècle	16e et 17e siècles	18e siècle
origine historique et origine du nom	nom issu de l'Humanisme, courant philosophique du 15e siècle les Humanes sont inspirées de l'écriture carolingienne, elle-même issue de la calligraphie	nom issu de la contraction du nom des imprimeurs Claude Garamond et Alde Manuce, en référence aux caractères créés pendant la Renaissance italienne et française	nom issu du mot réalité, les Réales sont créées pendant le siècle des Lumières; elles sont moins marquées par les écritures calligraphiques
pleins et déliés	peu de contraste dans les pleins et les déliés, axe des lettres oblique (origine calligraphique)	contraste entre les pleins et les déliés plus prononcé	contraste entre les pleins et les déliés beaucoup plus prononcé
axe	traverse du «e» oblique	traverse du «e» horizontale	axe quasi vertical contrairement aux Humanes et aux Garaldes
empattements	empattements souvent épais	empattements fins	empattements plats (ceux des Humanes et des Garaldes conservent une légère courbe)
caractéristiques	premiers caractères typographiques gravés par les imprimeurs	les Garaldes gardent comme les Humanes des origines calligraphiques	les Réales sont plus sobres que les Humanes et les Garaldes

Didonics	Slab serifs (Mécanes)	Lineals	
end of the 18th century	end of the 19th century	first half of the 20th century	since the 1970s
based on faces created by Firmin Didot and Giambattista Bodoni, this family is named for both by combining their names	the French name "Mécanes" derives from "mechanic", referring to the industrial era brought in by the 19th century and the modern, sometimes geometrical aspect of the characters	name comes from the word linear, referring to the their forms these alphabets derive from the Didonics and the slab serifs	The advent of the computer in the 1970s introduced unheared-of freedom to typography, calling forth a plethora of new type faces. Many of these are meant not for running text but just for titles and headlines. With fewer constraints, the only remaining imperative is readability.
heavy and light elements show stark contrast	no contrast	no or little contrast between heavy and light elements	
vertical axis	none	vertical axis	
serifs are straight and fine	rectangular, thick serifs	no serifs	
copper, used at this time for cutting letters, contributed to the characteristic form of the letters	the slab serifs benefited from the invention of lithography, which liberated typographers from the technical constraints of lead-based typesetting	these are commonly called "stick letters" or "grotesques"	

Didones	Mécanes	Linéales	
fin du 18ᵉ siècle	fin du 19ᵉ siècle	première moitié du 20ᵉ siècle	à partir des années 70
contraction des noms des typographes Firmin Didot et Giambattista Bodoni (le Didot et le Bodoni sont les principaux caractères de cette famille)	nom issu du mot mécanique, en rapport à l'époque industrielle du début du 19ᵉ siècle et à l'aspect moderne et parfois géométrique de ces caractères	nom issu du mot linéaire, en relation à leur forme, ces alphabets s'inspirent des Didones et des Mécanes	L'arrivée de l'ordinateur dans les années 1970 a donné une grande liberté aux typographes. On assiste à un foisonnement de nouveaux caractères. Beaucoup ne sont pas composés pour du texte courant mais pour des titrages, il y a donc moins de contraintes, le seul impératif restant la lisibilité.
caractères très contrastés dans les pleins et les déliés	aucun contraste	pas ou peu de contraste entre les pleins et les déliés	
axe vertical	aucun	axe vertical	
empattements plats et fins	empattements rectangulaires et épais	sans empattements	
le cuivre, matériau utilisé à cette époque pour graver les lettres, a contribué à l'élaboration de leurs formes	les Mécanes ont bénéficié de l'invention de la lithographie qui a libéré les typographes des contraintes techniques de la typographie au plomb	on les appelle communément «lettres bâton» ou «grotesques»	

die druckbuchstaben–schriftfamilien

K5
a

Jenson
Nicolas Jenson
1471
Venedig

urheber der Jenson war 1471 Nicolas Jenson. der aus Tours stammende schriftschneider war von Karl dem Großen nach Mainz geschickt worden, um die Druckerkunst zu erlernen. von Mainz ging er nach Venedig, wo er eine Druckerei gründete und eine neue schrifttype mit abgerundeten Formen schnitt, die »Antiqua«, die sich von den damals gebräuchlichen gotischen schriften unterschied. die Antiqua von Nicolas Jenson gilt auch heute noch als eine der schönsten werkschriften. 1996 schuf Robert slimbach eine digitale Nachbildung der historischen Jenson und fügte ihr eine kursive schriftlage hinzu, die er den schriftschnitten von Arrighi entlehnte. Diese version, die Adobe Jenson, ist die schrift, die wir hier verwenden.

venezianische Renaissance-Antiqua

the printed characters—families of type faces   Les caractères—familles de caractères

wir stellen aus jeder Schriftengruppe der Vox-Atypi-Kassifikation einen typischen Vertreter vor.

For each classification in the scheme Vox-Atypi we present a representative face.

Pour chaque famille de la classification Vox-Atypi, nous présentons un caractère représentatif.

ABCDEFGHIJKLMNOPQRSTUVWXYZ
abcdefghijklmnopqrstuvwxyz - 0123456789

schriftgrad | body | corps 20 pt

This face was designed in 1471 by Nicolas Jenson. An engraver coming from Tours, he was brought by the king Charles VII to Mayence to study art and printing. After leaving Mayence, he set up a printing shop in Venice and cut a face with rounded forms, which distinguished itself from the Gothic letters of the era, a "Roman" face. Today, the Roman of Nicolas Jenson is regarded as one of the most beautiful faces. In 1996 Robert Slimach created a digital adaptation of Jenson's precedent and added a italic font borrowed from faces of Arrighi. It is this version, Adobe Jenson, that we are using here.

Le caractère Jenson est dessiné en 1471 par Nicolas Jenson. Ce graveur originaire de Tours est envoyé par le roi Charles VII à Mayence pour y étudier l'art de l'imprimerie. Après avoir quitté Mayence, il fonde à Venise une imprimerie et y dessine un nouveau caractère de typographie aux formes arrondies qui se distingue des caractères gothiques en usage à l'époque: le «romain». Le romain de Nicolas Jenson est aujourd'hui encore considéré comme un des plus beaux caractères de texte. En 1996, Robert Slimbach réalise une adaptation numérique du caractère historique Jenson et lui ajoute une déclinaison italique qu'il emprunte aux caractères d'Arrighi. C'est cette version Adobe Jenson que nous utilisons ici.

Humanistics   Humanes

2Ga„

Garamond
Claude Garamond
1530
Paris

ᴅɪese schrift stammt aus der französischen ʀenaissance, sie wurde um 1530 von claude ɢaramond im ᴀuftrag des ᴅruckers ʀobert ᴇstienne gezeichnet und lässt den ᴇinfluss der schriften von ꜰrancesco ɢriffo und ᴀldus ᴍanutius erkennen. claude ɢaramond war der erste schriftschneider, der in ᴘaris eine von einer ᴅruckerei unabhängige schriftgießerei gründete. ᴅie hier vorgestellte ɢaramond ist die von ʀobert slimbach 1989 für ᴀdobe nachgezeichnete ᴠersion.

ꜰranzösische ʀenaissance-ᴀntiqua

ABCDEFGHIJKLMNOPQRSTUVWXYZ
abcdefghijklmnopqrstuvwxyz - 0123456789

schriftgrad | body | corps 20 pt

This French Renaissance face was designed around 1530 by Claude Garamond for the printer Robert Estienne. It shows the influence of designs by Francesco Griffo and Alde Manuce. Claude Garamond was the first type caster in Paris to open a foundry not part of a printing shop. The version shown here is a 1989 redesign for Adobe due to Robert Slimbach.

Ce caractère, issu de la Renaissance française, est dessiné vers 1530 par Claude Garamond pour le compte de l'imprimeur Robert Estienne. Il est inspiré par les caractères de Francesco Griffo et Alde Manuce. Claude Garamond est le premier graveur à avoir créé à Paris une fonderie de caractères séparée d'une imprimerie proprement dite. La version présentée ici est celle redessinée en 1989 par Robert Slimbach pour Adobe.

garaldics

garaldes

Ca&7

Baskerville
John Baskerville
1772
Birmingham

»Für ein 1772 erschienenes Werk über Terentius schnitt John Baskerville eine höchst elegante, kontraststarke Schrift: die Great Primer Type. Um diese für die damaligen Papiere zu feine Schrift angemessen drucken zu können, erfand er ein Papier mit einer homogeneren, für den Druck besonders geeigneten Oberfläche: das »Velinpapier«. Die Great Primer Type diente als Vorbild für die Monotype Baskerville, die 1924 unter der Leitung von Stanley Morison entwickelt wurde. Die ITC New Baskerville, die wir hier zeigen, wurde 1978–82 von Matthew Carter neu gezeichnet.

Barock-Antiqua

ABCDEFGHIJKLMNOPQRSTUVWXYZ
abcdefghijklmnopqrstuvwxyz-0123456789

schriftgrad | body | corps 20 pt

E For a work of Terrence, John Baskerville designed a face of great elegance, with heavy contrasts and fine hairlines, the Great Primer type. Since the hairlines made it difficult to print on the paper available, he invented a paper with a more homogeneous texture, called "vellum." The Great Primer face inspired Monotype Baskerville, produced in 1924 under the direction of Stanley Morison. The version shown here, ITC New Baskerville, was redesigned in 1978–82 by Matthew Carter.

F John Baskerville dessine pour un ouvrage sur Térence, publié en 1772, une lettre d'une grande élégance, contrastée et à l'œil très fin: la Great Primer Type. Pour imprimer convenablement son caractère trop fin pour les papiers de l'époque, il invente un papier d'une texture plus homogène et qui offre une très bonne aptitude à l'impression, le papier «velin». La lettre Great Primer Type inspire le Monotype Baskerville, produit en 1924, sous la direction de Stanley Morison. La version que nous présentons a été redessinée par Matthew Carter en 1978–82: l'ITC New Baskerville.

Transitionals

Réales

2„aB

Bodoni
Giambattista Bodoni
1790
Parma

ᴅGiambattista Bodoni war der Drucker des Herzogs Ferdinand von Parma. Dank eines reichen Mäzens konnte er schon bald außerhalb der Druckerei seine eigenen Schriften schneiden und gießen, die er 1771 in einem Musterbuch veröffentlichte. Nachdem er mit dem Stil seiner Zeitgenossen, John Baskerville und den Gebrüdern Didot, gebrochen hatte, wiesen seine Schriftschnitte einen Hang zu Schlichtheit und Harmonie auf. Die hier vorgestellte Schrift ist die Bodoni aus der Gießerei Berthold.

klassizistische Antiqua

ABCDEFGHIJKLMNOPQRSTUVWXYZ
abcdefghijklmnopqrstuvwxyz - 0123456789

schriftgrad | body | corps 20 pt

Giambattista Bodoni was the printer to Duke Ferdinand of Parma. Thanks to a powerful benefactor, he did not wait long to design and cut his own faces outside the ducal printing house, and he published specimens in 1771. Breaking the reigning style of his contemporaries, John Baskerville and the Didot brothers, he created forms that tended to simplification and harmony. The face shown here is the Bodoni from the foundry Berthold.

Giambattista Bodoni est l'imprimeur du duc Ferdinand de Parme. Grâce à un puissant mécène, il ne tarde pas à fondre et à dessiner ses propres caractères hors de l'imprimerie et dont un spécimen est publié dès 1771. Rompant dans un premier temps avec le style de ses contemporains, John Baskerville et les frères Didot, il dessine des formes qui tendent à la simplification et à l'harmonie. Le caractère présenté est le Bodoni de la fonderie Berthold.

Didonics

Didones

Clarendon
Benjamin Fox
1845
London

ᴅie Clarendon wurde 1845 in London von Benjamin Fox für die Robert Besley & Co. gezeichnet. Sie wird bei Thibaudeau als die erste Egyptienne-Schrift geführt. Sie ist abgeleitet von den Didone-Schriften, besonders der Bodoni, die zu Beginn des 19. Jahrhunderts in Gebrauch war, und wurde als Titelschrift fetter geschnitten. Die Schrift entstand in einer Zeit der sich entwickelnden Werbung, der Plakate und Schlagzeilen. Die hier vorgestellte Ausführung wurde 1953 von Hermann Eidenbenz gezeichnet.

serifenbetonte Liner-Antiqua

ABCDEFGHIJKLMNOPQRSTUVWXYZ
abcdefghijklmnopqrstuvwxyz
0123456789

schriftgrad | body | corps 20 pt

Clarendon was designed in 1845 by Benjamin Fox in London for Robert Besley & Co. It is the first "Egyptian" face, in the classification of Thibaudeau. It derives from Didonic faces, in particular from the Bodoni used in the early 19th century, thickened for titles and headlines. It has established itself in the world of advertising, for posters and large headlines. The version shown here was designed by Hermann Eidenbenz in 1953.

Le Clarendon est dessiné en 1845 par Benjamin Fox à Londres pour Robert Besley & Co. C'est le premier caractère Égyptien d'après la classification Thibaudeau. Il dérive des caractères Didones, et en particulier du Bodoni, qu'on utilisait au début du 19e siècle, engraissés pour les titrages. C'est un caractère qui s'inscrit dans un univers de développement de la publicité, de l'affichage, du gros titre. La version présentée a été dessinée par Hermann Eidenbenz en 1953.

slab serifs

mécanes

4 aA'

Akzidenz Grotesk
Unbekannt
1898
Berlin

ᴅiese 1898 von der Gießerei Berthold in Berlin herausgegebene schrift bot erstmals eine Garnitur sämtlicher schriftgrade für eine Linéale. Bereits im 19. Jahrhundert gab es serifenlose schriften (auch Grotesk-schriften genannt), deren Minuskeln aber weiterhin den kontrast von Grund- und Haarstrichen aufwiesen. Die hier gezeigte Akzidenz Grotesk ist eine für die Gießerei Berthold digitalisierte version.

serifenlose Linear-Antiqua

ABCDEFGHIJKLMNOPQRSTUVWXYZ
abcdefghijklmnopqrstuvwxyz - 0123456789

schriftgrad | body | corps 20 pt

This face, created by the Berlin foundry Berthold in 1898, presents for the first time a complete series for a lineal face. In the 19th century faces without serifs existed (also called grotesques), but the lower-case letters retained contrasting heavy and light elements. Akzidenz Grotesk, shown here, is the version digitalized for Berthold.

Ce caractère édité par la fonderie Berthold en 1898 à Berlin propose pour la première fois une série complète pour une linéale. Au 19ᵉ siècle, il existait déjà des caractères sans empattements (appelés aussi grotesques) mais le dessin des lettres minuscules conservait encore des pleins et des déliés. L'Akzidenz Grotesk, présenté ici, est la version numérisée pour la fonderie Berthold.

Lineals   Linéales

Goudy Text
Frederic W. Goudy
1928–29

Architype Albers
Josef Albers
1926

Snell Roundhand
Matthew Carter
1965

ABCDEFGHIJ
KLMNOPQRS
TUVWXYZ
abcdefghijklmnopqrs
tuvwxyz
0123456789

ABCDEFGHIJKLMN
OPQRSTUVWXYZ
abcdefghijklmn
opqrstuvwxyz
0123456789

ABCDEFGHIJK
LMNOPQRSTUV
WXYZ
abcdefghijklmnopq
rstuvwxyz
0123456789

Antiqua-Variante
Historic
Historique

Handschriftliche Antiqua
Graphic
Graphique

Schreibschrift
Script
Scripte

A A A A
a a a a

117

OCR-A
engineers of ECMA (European Computer Manufacturer Association)
1966

Thesis Sans
Lucas de Groot
1994

Thesis Mix

Thesis Serif

ABCDEFGHIJKLM
NOPQRSTUVWXYZ
abcdefghijklm
nopqrstuvwxyz
0123456789

ABCDEFGHIJKLMNOPQRSTUVWXYZ
abcdefghijklmnopqrstuvwxyz
ABCDEFGHIJKLMNOPQRSTUVWXYZ
abcdefghijklmnopqrstuvwxyz
ABCDEFGHIJKLMNOPQRSTUVWXYZ
abcdefghijklmnopqrstuvwxyz

technische Schrift
technique
technique

Schriftsippe
serial
sériale

schlussbemerkung

»Nachdem wir die einzelnen phasen der Herstellung dieses Buches nachvollzogen haben, von der wahl seines Formats über das seitenlayout, sind wir nun zur elementarsten Ebene der Typographie gelangt: zum Buchstaben und seiner Gestalt. Die zurückliegenden drei Kapitel geben eine kurzen überblick über die grundlegenden Probleme der typographischen Gestaltung, sind aber lediglich als Anregung zu verstehen. Bleiben Sie dran! (Das nachfolgende Literaturverzeichnis wird Ihnen dabei helfen.)

conclusion

conclusion

ᴱHaving taken you through the construction of this book, starting with the choice of format, then page composition, we have arrived at the most minute concern of typography, the letter and its design. These three chapters thus present a brief overview of the fundamental problems of typographic compostion, but they are just a foretaste of what awaits you. Follow our lead! (The following bibliography will surely help you.)

ᶠAprès avoir parcouru les étapes de la construction de ce livre depuis le choix de son format en passant par la composition des pages, nous voici arrivés à la plus petite échelle de la typographie : la lettre et son dessin. Ces trois chapitres dressent un bref aperçu des problèmes fondamentaux de la composition typographique, mais ne sont qu'une mise en bouche. Profitez de l'élan ! (La bibliographie qui suit vous y aidera.)

inhaltsverzeichnis

contents   table des matières

vorwort	foreword	avant-propos	8
warum dieses Buch?	why this book?	pourquoi ce livre?	18
zu den Proportionen	on proportions	des proportions	20
zu den universellen Maßen	on the scale of the universe	À l'échelle de l'univers	22
Ein harmonisches Universum	A harmonious universe	Un univers harmonieux	22
Harmonie konstruieren	Constructing harmony	Construire l'harmonie	24
Normen und kanonische Regeln	Norms and canonical rules	Normes et règles canoniques	28
zu den Seitenmaßen	on the scale of the page	À l'échelle de la page	32
Die Seitenformate	The formats of a page	Les formats de page	32
Der Seitenaufbau	The composition of a page	La composition d'une page	40
Das typographische Maß	Typographic measures	La mesure typographique	58
Schlussbemerkung	Conclusion	Conclusion	62
zu den Weißräumen	on white space	des blancs	64
Das Spannungsverhältnis von Weiß und Schwarz	The tension between black and white	Les rapports de tension entre le blanc et le noir	66
Weißräume in der Typographie	White spaces in typography	Le blanc en typographie	72
Weißräume zwischen Zeilen	White spaces between lines	Le blanc entre les lignes	72
Weißräume zwischen Buchstaben	White spaces between letters	Le blanc entre les lettres	76
Weißräume zwischen Wörtern	White spaces between words	Le blanc entre les mots	80
Unschöne Weißräume	Infelicitous white space	Les blancs disgracieux	82
Schlussbemerkung	Conclusion	Conclusion	84
zu den Formen	on forms	des formes	86
Von der Schrift zur Typographie	From writing to typography	De l'écriture à la typographie	88
Die Entstehung des Alphabets	The development of the alphabet	La naissance de l'alphabet	88
Der Ursprung unserer Schrift	The origins of our writing system	Les origines de notre écriture	90
Vom Manuskript zum Buchdruck	From manuscript to printing	Du manuscrit à l'imprimerie	92
Die Druckbuchstaben	The printed characters	Les caractères	96
Aufbau eines Druckbuchstaben	Structure of a printed character	Anatomie d'un caractère	96
Klassifikation	Classification	Classifications	98
Schriftfamilien	Families of type faces	Familles de caractères	104
Schlussbemerkung	Conclusion	Conclusion	118
Bibliographie	Bibliography	Bibliographie	122
Bild- und Textnachweis	Credits	Crédits	124

bibliographie

bibilography   bibliographie

Literatur zur Typographie
Books on typography
Ouvrages sur la typographie

BLACKWELL Lewis
Typo du 20ᵉ siècle
Laurence King Publishing Ldt.
London, 1998, 2004
Französische Ausgabe
Éditions Flammarion, Paris, 1993

FRIEDL Friedrich, OTT Nicolaus
and STEIN Bernard
Typography – when who how
Typographie – wann wer wie
Typographie – qui quand comment
Verlag Könemann, Köln, 1998

FRUTIGER Adrian
À bâtons rompus - ce qu'il faut savoir
du caractère typographique
Atelier Perrousseaux
Reillanne, 2003

GAUTHIER Damien
Typographie - guide pratique
Éditions Pyramyd, Paris, 1998
2. überarbeitete Ausgabe 2001

JUBERT Roxanne
Graphisme, typographie, histoire
Éditions Flammarion, Paris, 2005

PARIS Muriel
Petit manuel de composition
typographique
Éditions Muriel Paris, Paris, 1999
2. Ausgabe 2003

RUDER Emil
Typographie - un manuel de création
Verlag Niggli AG, Sulgen, 1967
7. Ausgabe 2001

SETOLA Geert and POHLEN Joep
La Fontaine aux lettres
Éditions Fontana
Roermond, 1994

TSCHICHOLD Jan
Ausgewählte Aufsätze über Fragen der
Gestalt des Buches und der Typographie
Birkhäuser Verlag AG, Basel, 1987

TSCHICHOLD Jan
Livre et Typographie - essais choisis
Éditions Allia, Paris, 1994

Weitere Literatur
Further literature
Ouvrages divers

GEORGES Jean
L'écriture mémoire des hommes
Éditions Gallimard Découvertes
Paris, 1987

GHYKA Matila C.
Le nombre d'or
Éditions Gallimard, Paris, 1931
Neuausgabe 1959

OUAKNIN Marc-Alain
Les mystères de l'alphabet
Éditions Assouline, Paris, 1997

SOURIAU Étienne
Vocabulaire d'esthétique
Presses universitaires de France
Paris, 1990
2. Ausgabe »Quadrige« 2004

WILLARD Claude-Jacques
Le nombre d'or
utilisation en mathématiques
et dans les Beaux-Arts
Éditions Magnard, Paris, 1987

ZWIMPFER Moritz
2d visuelle Wahrnehmung
2d visual perception
Verlag Niggli AG, Sulgen | Zürich, 1994

Bild- und Textnachweis

credits crédits

texte
texts
textes

16|17 Victor Hugo, Voyage. 2, Alpes et Pyrénées, France et Belgique, œuvres complètes. Imprimerie nationale, Paris, 1910

22|66|72|88 Étienne Souriau, Vocabulaire d'esthétique. PUF, Paris, 1990, 2. Ausgabe »Quadrige« 2004

26 Jan Tschichold, Asymetric Typograpy. Faber & Faber Publishers, London, 1967

40 Henri Bergson, Essai sur les données immédiates de la conscience, œuvres complètes I. Éditions Skira, Genève, 1945

46 Jan Tschichold, Livre et typographie, essais choisis. Éditions Allia, Paris, 1994

82 Stéphane Mallarmé, Brise marine (1866) in Poésies et autres textes. Librairie générale française, Paris, 2005

89 Georges Perec, Un homme qui dort. Éditions Gallimard Folio, Paris, 2001

Bilder
Pictures
Iconographies

27|30 Matila C.Ghyka, Le nombre d'or. Éditions Gallimard, Paris, 1931|1959

29 Le Corbusier, Le Modulor. 1, essai sur une mesure harmonique à l'échelle humaine applicable universellement à l'architecture et à la mécanique. Éditions de l'Architecture d'aujourd'hui, Paris, 1965 © 2006, FLC|Pro Litteris, Zurich

31 Fra Luca Pacioli (di Borgo San Sepolcro), Divine Proportion. Librairie de compagnonnage, Paris, 1980

90|91 Marc-Alain Ouaknin, Les mystères de l'alphabet. Éditions Assouline, Paris, 1997

92|93 Christopher de Hamel, La Bible, histoire du livre. Éditions Phaidon, Paris, 2005

Autoren und Verlag haben sich nach besten Kräften bemüht, die erforderlichen Reproduktionsrechte für alle Bilder und Texte einzuholen. Für den Fall, dass etwas übersehen worden sein sollte, wird dies bei Benachrichtigung in der folgenden Auflage behoben.

The authors and the publisher have tried to acquire all copyrights for pictures and texts appearing in this book to the best of their abilities. Any omissions and mistakes will be corrected in the next edition.

Les auteurs et l'éditeur se sont efforcés de demander les droits de reproduction pour toutes les images et les textes nécessaires à cet ouvrage. Toute erreur ou omission sera corrigée dans la prochaine édition.

Acknowledgements **Remerciements**

wir danken
we thank
nous remercions

Cécile Boyer
Alexandre Chapus
Isabelle Christ
Maryvonne Denastas
Nicolas Denastas
Richard Denastas
Justine Delrieux
Mark Edwards
Mélanie Edwards
Élise Faure
Clément Gallet
Côme Gallet
Emmanuel Gallet
Pascale Guyon-Gallet
Mathieu Mermillon
Emmanuel Pevny
Margo Rouard-Snowman
Jean-Benoît Vassogne